歐·陸·零·售

德 國 市

可以學 x 可以看 x 可以吃 x 可以買

資深行銷人的零售洞察 市場趨勢、陳列技巧、管理心法，
30年實戰經驗、精湛豐富的分享！

U0054233

朱承天
(Rosida)

著

Chapter1
在地零售觀察──好特別的消費型態

只要跨進一個國度觀察，就可以看到非常不一樣的消費型態，可從不同
角度提供我們反思。

目錄

Contents

Chapter4

零售管理萬花筒——行銷人要懂的市場洞察

從管理層面觀察德國這麼多零售業，背後一定有些獨特性，從這些思維裡面，可以窺探到德國人的匠心獨運。

目錄

Contents

附錄

品牌點線面在台灣──零售、流通、商場的創意整合行銷

從各面向分析消費行為與零售市場的現況，針對進駐台灣品牌行銷活動的在地觀察。

推薦序 歐洲之旅，輕鬆既專業的零售考察

《流通快訊雜誌》是一本專門針對國內外零售流通業訊息的專業雜誌，發行迄今超過 25 年。

本書作者有豐富的零售業的經驗，也是《流通快訊雜誌》優秀的專欄作家。近年來不定期所撰寫的「品牌點線面」專欄，一直有不錯的評價。

此次將前往歐洲考察的內容集結成書，並以輕鬆筆調闡述零售專業知識及觀察。值得推薦。

《流通快訊雜誌》發行人
張政發

推薦序 一種全新的旅行

認識朱寶（好朋友都這樣叫她）30 年來，在我眼中，她一直像個「過動兒」，無論是思想上的創新躍動，還是行動上的劍及履及，朱寶總是在做新鮮的事、好玩的事、有意思的事。就連旅行，她都與眾不同！

我們看過美食之旅、瞎拚之旅等等，各式各樣的主題、千奇百怪的目的，但是朱寶居然展示了一種全新的旅行、一種針對零售流通這個行業進行邊遊邊學的另類遊學。我知道朱寶精研流通學超過 20 年以上的時間，並且有相當多元的實務經驗，但是我真的沒想到，她可以在歐遊期間，把旅遊與流通產業、銷售現場，做出如此特別的結合，進行寬闊的觀察與深度的省思，甚至寫出這麼多精采、精闢的文章。

一路讀來，我看到一位資深的文字工作的寫作功力，更看到一位銷售、流通產業專業人士的心法筆記，既有美麗的文采，又具實務的參考性。我認為，這本書是朱寶這位學習力特強的好奇寶寶，結合了她的各種特質，包括對人事物的熱情敏銳、長年在流通產業的投入經驗，所綜合呈現的豐富成果，宛如百寶箱，又如多寶格，引領讀者看到產業、看到文化，也看到旅行最重要的魅力：認識美麗的新世界，充實追求成長的心靈。

無論是想探索銷售門道的業內人士，或是想看看繽紛熱鬧的旅途見聞，朱寶的這本書，絕對會帶給讀者滿滿豐收！

知名作家
彭蕙仙

不只是購物指南，也是「創業者」的參考書

人生旅途，你會遇到各式各樣的啟蒙導師；Rosida 應該是我在職涯中的第一位啟蒙老師。

記得二十年前，和 Rosida 面試時，她很大膽的用了我這個非本科系的「菜鳥」，也正式開啟日後我「行銷企劃」領域的生涯。

受過專業廣告公司、公關公司訓練的 Rosida，讓我學習到廣告人的「邏輯思考」，也讓我見識到她對行銷企劃的「熱愛」。

雖然只是短短地共事不到兩年，但離職後，Rosida 還是對我像大姊一樣的照顧；我甚至還擔任過她廣播節目的助理、受她照顧接了不少大客戶的案子、參加過她女兒的婚禮……。一直到現在，仍然保持聯繫。

真的很開心，自己的職場導師出書了，而且一看到書名：《德國市場遊 歐陸零售筆記：可以學 x 可以看 x 可以吃 x 可以買》就讓人驚艷。

Rosida 用有趣的「歐洲旅遊」來切入，用自己的專業去介紹、分析歐洲零售業的生態，內容有：藥妝店、輕食店、超市、茶飲店、生活用品店、親子商店……，從店家的招牌、陳列、選址、動線……去分析歐洲零售業的商業邏輯，是台灣書市中非常「稀有」又「有趣」的主題。

《德國市場遊 歐陸零售筆記：可以學 x 可以看 x 可以吃 x 可以買》這本書，不僅可以當作你歐洲旅行的購物指南書，也是給台灣「創業者」參考書；相信在 Rosida 生動有趣的文字、照片裡，讀者一定可以得到許多的趣味和啟發。

連續創業家 & 作家

崴爺

前言 100 天德國零售業的 實境「壯遊」！

這是一本怎樣的書呢？

是一本零售業的專業考察書籍吧！

因此，從事零售業相關的人，不管是大老闆還是小老闆，不管是資深幹部，還是資淺員工，應該都會有興趣瞧瞧以德國為主的歐洲，到底有哪些值得借鏡學習之處。台灣的零售產業極為龐大，若連服務業也算進去的話，還真的可以好好看看到底德國強在哪裡？可不是科技或是汽車喔！他們的零售業也很有特色呢！

然而，一年內合計在歐洲(主要是德國)待過 100 天的實境「壯遊」，其實並不是真正的考察，應該說是主題旅遊。所以，這也是一本旅遊書，卻是其他旅遊書完全沒有過的角度。

或許大家會好奇：「哪有人把零售業當作旅遊主題的？」「那妳是去做代購哩？還是血拼團啊？」

這裡真的要好好說明一下了。

整個零售業就像是座森林

我把整個零售業比喻成森林，每一家店就是樹木，商品則是其中的樹葉。很多血拼團或是代購，只知道找樹葉，通常因為找樹葉，順便要看一下是哪棵樹上才有。但之後的關注，就全部在樹葉上了。

我覺得，若是見樹不見林，或是看葉不看樹，都好可惜。所以，希望從比較大的範圍來觀察及體驗歐洲，特別是德國的零售業。

過去的工作經驗，大多集中在零售業上。我從購物中心的籌劃及運營工作，轉到連鎖業者的行銷及營業，再去中國大陸做連鎖商場的品牌規劃，而跑過 16 個省會級大城市。

對我來說，這個主題，可以說既是工作經驗的累積，也是自己的興趣。當然，再講回來，看完森林及樹木，在選擇樹葉的時候，也一定會更有心得的呀！所以，想要去歐洲買一些 CP 值很高的商

品，也需要認識一下他們的零售業，可不是只跟導遊走，只去過紀念品店喔！

走進心動森林，感受樹木，品味枝葉

此外，在寫這樣的主題時，我有幾個選擇題目的原則，也在此做說明。

首先，我避開了所有一線精品。一線精品有它的獨特及魅力，到了歐洲當然也有很多這些精品的大店和有趣的點。但是，我覺得可供著墨的卻不多，因為它們就是它們，買不來、學不到，那就欣賞就好，也不用我來分享了。

再其次，因為很多品牌都到了台灣，我如果寫來寫去，都在講H&M或是歐舒丹什麼的，應該也不夠有趣。所以，我也自動跳過它們，當中提到的部分也極少。

最後，我儘量少介紹單一家的小店，或許只是擷取一個櫥窗，但不太需要整店介紹。因為，很多小店雖然都有特色，或許它們已經默默開了很多年，也很有故事，但是也極有可能下次去就不在了。

我在時間長河中，只停駐一個片段，若還可以寫出一大堆因為所以，似乎不是很正確吧？

經過這樣的選擇，還真的可以找了超過 50 個題目，拍了上千張的照片。可見得，德國真是相當豐富的國家，我也真的十分認真吧？

那麼，讓我們出發囉！

請跟我一起走進心動森林，感受樹木，品味枝葉！

朱承天 Rosida

Chapter 1

在地零售觀察

好特別的消費型態

1-1

老闆，
週日不開店？

具體來說，德國人認為假日是家庭
日，當然也是去教堂的安息日。所以，
商店不需要營業，要讓大家都可以回
歸家庭才對。

週日不上班，
沒有不景氣

　　有機會來德國考察流通零售業，提供第一手觀察資料給大家參考，就先從週日不營業談起。

　　台灣之前因為一例一休吵得不可開交，都認為對服務業影響甚大。然而，歐洲的零售業，早就是週日全部不營業，什麼都買不到。

　　德國中部的小鎮哈瑙（Hanau），離法蘭克福半小時車程，週日中午陽光亮晃晃，街道卻冷清清。從店門玻璃的營業時間標示，可以看見完全沒有列出週日。

　　難道他們的經濟就不好？不景氣嗎？

　　或許我們真可以好好思考一下，營業時間長短及獲利的關聯。

家庭日，
回歸家庭和休閒生活

　　說到營業時間，德國零售業的每日營業時間也比台灣要短很多，每天 11 點開門，但是可能晚上 7、8 點就打烊了。相信很多去歐洲旅遊的人都會注意到，有時候晚餐時間長一點，就完全無法購物了。

　　這雖然與他們的生活習慣密不可分，其實也與地理位置，甚至宗教信仰也有關連。具體來說，德國人認為假日是家庭日，當然也是去教堂的安息日。所以，商店不需要營業，要讓大家都可以回歸家庭才對。

◀平常熱鬧的商業區，週日卻是如此「安靜」的景象。

地理上則是因為歐洲冬天日照短，所以很早就天黑，營業時間不需要到太晚。整體來說，就一直都是早早打烊，使售貨員都可以不用拖到太晚才回家。對於已經發展很早且很好的德國來說，德國人並不是只要拼命工作，也會把生活及休閒放在重要位置，因此，人力成本很高的情況下，商店營業時間自然縮減。

　　而台灣則是因為屬於亞熱帶，天氣熱的時間比較長，很多人習慣七晚八晚還在外面遊逛，加上競爭激烈，所以各個業種業態都爭相以服務時間長來討好消費者，所以 24 小時營業的型態就特別多，標榜「全年無休」，似乎才稱得上是服務業。

　　由於台灣地小人多，居住空間密度高，逛街購物成為休閒娛樂的比例也高，造成大家都期望商場的營業時間長一些，以方便消費。

　　因此，仔細觀察一下歐洲的零售業，或許可以思考，如何在創造營業績效及保障員工的當中，取得完美平衡吧！

雖然看不太懂德文，但可以猜得出它是週一至週六早上 8:30 到晚上 8:00 營業，週日則休息。週六的營業時間為早上 9:30 到下午 2:30。

週日街道上沒有營業的店舖，整個空蕩蕩。

這家小小的購物中心，裡頭
H&M、dm、REWE 超市等
眾多品牌，但週日不營業。

1-2

他們的櫥窗
真的美

文具店可以把很瑣碎的小商品佈展起
來；美容美髮店的櫥窗也相當吸睛。
母嬰用品店掛了件小嬰兒衣，向年輕
媽媽招手的目的不言可喻……

美麗櫥窗使人駐足，
同時刺激消費

說到櫥窗，讓人想到的是「window shopping」，意思是指在外面看看，不會真正進去購買的行為。通常也進一步想到服飾精品，常用櫥窗做為品牌呈現的重點，才有「window shopping」的意義，因為價格較為高昂，所以戲稱買不起，只好在櫥窗外頭看看。

一般小型店，則寧願多陳列商品，或是擺放貨架，而不想把力氣用在櫥窗上。加上台灣一般的街邊店面狹小，櫥窗也不是很有得發揮。

在德國，卻看到連專門店都把櫥窗陳列得極為豐富。

以下舉幾個例子，來說明他們的精彩。

文具店可以把很瑣碎的小商品佈展起來，因為文具本身不管是筆，還是尺，或是迴紋針等等，恐怕很難美觀的陳列，加上還有量的問題，一多擺又很容易雜亂。因此，居然連文具店也可以有美麗櫥窗，當然值得記錄一下。

美容美髮店的櫥窗也是如此，可能因為原有店型關係，就有個櫥窗空間，或是借此機會也和窗外行人做出區隔，保留一部分隱私。因而就算是簡單放洗髮精，也相當吸睛。

母嬰用品店掛了件小嬰兒衣，向年輕媽媽招手的目的不言可喻。

或是毛線編織店放了嬰兒小鞋的成品，告訴消費者，只要你願意來學，也可以自己編織這樣可愛的用品，送給自己的小孩！

每一家都有特色，卻非花大錢的陳列，值得參考。

◀雖然這種大型道具理應由廠商提供，但櫥窗精心的布置也要店家肯用心。

平淡無奇的資料夾、
記憶筆、便利貼，
通通可以成為櫥窗
當中精美的擺設。

一間專教編織的
會員制商家，店
家把會員手作品
呈現在櫥窗中，
彷彿告訴消費者：
「只要你肯來報
名學習，就能為
心愛的家人做出
美麗的事物！」

1	2
3	4

1. 美容院的櫥窗雖然只有洗髮精、潤髮乳，依然精心布置。

2. 只有氣球與廠商的看板，仍帶給消費者華麗的感受。

3. 母嬰用品店在櫥窗上吊掛嬰兒衣物，清楚明快地顯示出主打商品。

4. 復活節來臨之前，商家簡單地利用素材，呈現出節日氛圍。

1-3

超美味的
庶民小吃

觀察消費市場，一定要從庶民小食開
始。
很多人排隊選購一個麵包夾香腸，老
闆嫻熟的把香腸夾起，放在切開來的
麵包上，下面墊著餐巾紙，遞給顧
客⋯⋯

車站內的立吞小食

觀察消費市場，一定要從庶民小食開始，包括生活習慣及物價指數都是如此。或許這也是為何鬍鬚張滷肉飯漲價，會引發很多雜音的因素之一，因為在我們看起來，滷肉飯就是台灣庶民小吃的代表之一。

中國大陸亦曾有計程車起步價，就是一般市民一餐飯的說法，或是看麥當勞的大麥克價錢來參考亦同。（可參考「大麥克指數」介紹，https://zh.m.wikipedia.org/zh-tw/ 巨無霸指數）

在德國，若要講到庶民小吃，似乎大家第一個聯想到的就是德國香腸。的確，麵包夾香腸（不是熱狗喔！）就是最常見的小食。

照片中是北部工業大城漢諾威的中央車站，車站內整排的美食街，人氣最旺的店就是這家（左圖），現煎的各式香腸，香氣四溢。很多人排隊選購一個麵包夾香腸，老闆嫻熟的把香腸夾起，放在切開來的麵包上，下面墊著餐巾紙，遞給顧客。

旁邊的高角桌，桌上有餐巾紙和蕃茄醬及芥末，並沒有椅子。因此，可算是「立吞區」，大家站着吃完，就算是一餐。雖然也有人點烤肉排等盤餐，份量或是選擇也不少，一樣可以站著吃，但大多數都選一種香腸和麵包。

漢諾威中央車站。

◀麵包夾熱狗的價格是 2.5 歐元，換算台幣約一份 85 元。

夾著香腸的麵包，通常比香腸要小很多、短很多。剛開始，會覺得這樣怎麼吃呢？習慣大亨堡的柔軟，麵包和熱狗長度一樣，就是這樣咬一口，有麵包也有熱狗啊！結果德國的庶民小吃，究竟是要先吃香腸？可能有點鹹；要同時咬到麵包？似乎不太容易。

仔細觀察，其他人可以說是愛怎樣吃就怎樣吃，總之，最後也就都吃下去即可，倒也整體搭配出乎意料外的好吃。不過更認真分析一下，這種是屬於歐式麵包，外皮比較比較偏硬，對於習慣日式台式麵包的人，要咬得用力些喔！

至於價格，則如照片所示，真的是很親民的價位。不過，這也要看不同城市，或是不同地點。換句話說，整個歐洲的物價也相差很大。這樣的小食在物價指數高的西德城市，或是物價指數低的東德城市，有時可能也可以相差到一倍之多。

然而台灣消費者一般不喜歡站着吃飯，便利商店一定還是設置座位用餐區，就是證明。

煎盤上至少有四種不同口味的德國香腸，提供消費者選擇。

有一些消費者選擇盤餐，但同樣是在立吞區當場食用。

消費者購買了麵包夾香腸之後，都是站在立吞區當場食用。

1-4

無處不在的

「毛經濟」

把狗口當人口管，這是德國非常了不
起的地方。
因此在此經常看到人狗同歡的畫面，
一起散步，一起跑步，一起逛街，一
起吃飯，非常和諧。

把狗當人來看管

對德國來說，寵物市場應該是龐大穩定而成熟的。因為他們做到沒有街狗（不想稱流浪狗）的環境。不管大狗小狗，路上所有的狗都有主人、有牽繩。

把狗口當人口管，這是德國非常了不起的地方，從源頭的生產繁殖管理才是對的。在德國經常看到人狗同歡的畫面，一起散步，一起跑步，一起逛街，一起吃飯，非常和諧。

因此，寵物店門口的水盆，盛著乾淨的飲用水，其實是給家犬用的，做為顧客服務的一部份。

寵物店的櫥窗巧思

寵物店一樣有做櫥窗佈置，令人一看就知道是寵物店。但是它使用了一個很簡單、很好管理與存放，卻很有變化的道具——網格架。

這種道具頂天立地擺放後，可隨時吊掛海報或商品，不管是玩具、零食、刷毛工具等等，都很方便，本身也不遮擋店內光線及視角。

若加上木質邊框，更能呈現自然樸實的風格，非常適合寵物店或其他小型店使用。

店內商品看起來與台灣的寵物店非常類似，也有小型動物的飼料，如鳥類、魚類或是鼠類龜類，但是最大宗的還是狗，其次是貓。

（有關台灣寵物產業可參考：《流通快訊》851 期：蓬勃發展「毛經濟」——寵物飼料）

◀在德國，每一隻狗都必須配戴牽繩，狗狗必須緊跟著主人。

寵物用品店左下角的水盤，是給顧客的寵物使用，因為德國對於流浪犬的管制非常嚴格，所以街道上完全看不到流浪犬。

在德國，每一隻狗都必須配戴牽繩，狗狗必須緊跟著主人。

非常好用的隔網架，可用於各
種店型，上面吊掛商品或海
報，亦可增加籃子，當作產品
陳列的道具。

公園一角，讓來公園遛狗的主人，可以帶著狗狗來喝水，並根據體型大小的不同，
貼心提供高低兩種水盤。

1-5

文創品牌的
美麗與哀愁

商品周轉率低的擺設品，恐怕真的要
放在架子上很久，才會賣出去？
可是歐美人士的居家可以挑上一整
套，莫不覺得非常美麗，但是換作自
己下重本去買，往往猶豫得很。

文創商品好看，
卻不一定實用？

近年來，台灣興起所謂文創風，到處都是以文創為意念的店。大多數其實很明顯是叫好不叫座，雖說吸引不少消費者目光，但僅只於看看就好，若是要花錢買就會猶豫很久。

所謂商品周轉率，就在這裡可以看出來，舉例來說，如果是賣吃的，例如餅乾糖果，商品周轉率就很高。一旦賣到用品就會相差很遠，若是擺設品，恐怕真的要放在架子上很久，才會賣出去了。

很多所謂的文創商品，看起來很好看，卻不一定實用，所以購買者沒有意願。然而進一步思考，可能台灣的消費者，對於購買所謂「有設計感」的東西，或許根本上就不如歐美消費者在意吧！

小到馬克杯，或是餐巾桌墊，大到整套茶具組或是全系列的布藝品，如桌巾、桌布，或是窗簾、沙發套等等，歐美人士的居家可以挑上一整套，莫不覺得非常美麗，但是換作自己下重本去買，往往猶豫得很。

書房使用的文具也是如此，看到店裡面的真皮桌墊，配上同系列的筆筒，或是放迴紋針的盒子等等，如果全部是同一系列或是材質，多麼賞心悅目啊？但是若是輪到要自己買，就會覺得：「啊！其中一個有現成的，暫時不用換吧？而這個，用一下百貨公司贈品也可以呀！」

◀店家利用色塊呈現來設計皮夾、化妝包，遠遠地還可見筆筒、資料夾、水杯，非常豐富多彩。

旗幟鮮明的
居家用品店

　　這間創立於 1996 年的居家用品店，廿年來一直對家用品的設計理念，有所堅持。以鮮明的色彩、色塊做為主軸，雖不見得和什麼文創產業劃成同一國，但是，以居家用品而言，可真是「旗幟鮮明」得很。

　　在德國北部不來梅老城區的這間店，因為在老房內，更是讓設計感因反差而強烈，就連騎樓下的店招，也甚是美麗。

　　主櫥窗展示著當地著名童話「不來梅樂隊」的四隻動物——驢子、狗、貓、公雞，看得出來嗎？

這家店的櫥窗充滿顏色的堆疊，實際上它的重點就是色塊的呈現。

從吊掛在古老房子的廣告招牌可以看見，
雖然是非常時尚的品牌，仍舊可以跟老房
子的特色做出完美結合。

1-6

目不暇給的
另類美食街

果汁就有現榨的、特調的,一杯一杯
放在碎冰台上;甜點則從慕斯、派塔,
一直到現做的鬆餅之類都有。
每一個攤位,都盡可能現做及自取並
行,創造豐富的視覺感受……

繽紛豐富的
視覺享受

德國漢堡市的這家高檔百貨公司，頂樓美食街非常特別，值得介紹。

可以說自行取食、最後結帳的半自助式，但是每一個攤位，都盡可能現做及自取並行，創造豐富的視覺感受。

這樣的規劃，在人力安排上，當然會有所增加，因為既然攤位有特色，就要看誰在「顧」攤位了。

以這個掛着燈籠的攤位來說，還用中文寫了「宮爆鴨」三個字，可以自己取一個碗，把十種以上的食材自由搭配，然後隔壁來個大火一炒，配上飯或是麵（價錢是 10 歐元一份）。既然是標榜中國菜色，負責攤位的果然是中國人，因為我用中文溝通也可以通，直接問說：「怎樣拿取，價格怎樣計算！」

如果是泰式的攤位，則可能是泰國人（也許是越南人，總之看膚色是東南亞一帶的人）。

沙拉的選擇，則可以先選大盤或小盤隨你裝，醬汁及配料的部分，也有很多種類可以搭配。

其他的肉類盤餐，例如香腸、雞肉、牛排等主菜，也可以搭配 2 至 3 個配菜，可以挑選馬鈴薯、花椰菜，或什錦時蔬。

◀照片寫著宮爆蝦、宮爆鴨，價錢也清楚標示。

美味，
整櫃上桌

至於甜點果汁飲料，各有區域呈現，也是非常驚人。例如，果汁就有現榨的、特調的，一杯一杯放在碎冰台上。甜點則從一塊一塊的蛋糕——慕斯、派塔，一直到現做的鬆餅之類都有。冰淇淋也有一球一球的，或是霜淇淋類供選擇。

規模比較大一些的這種美食街，連酒類和咖啡茶區，亦使人目不暇給，整櫃整櫃的陳列，使消費者覺得豐富感十足。

結帳櫃檯上，直接佈置一個秤，如果購買的是算重量的，也可以馬上秤給你看，一併結帳。

這樣型態的美食街，在台灣很少見。或許關鍵是像必勝客一個碗裝沙拉的問題，立刻會有人覺得，怎樣可用一個盤子裝最多的食物，給很多人吃的攻略？這真不是太有趣的結論了。

在每個攤位前先點餐，最後再一起結帳，這個攤位是以販賣沙拉為主。

現場也有新鮮現打的果汁與新鮮水果。

| 1 | 2 |
| 3 | 4 |

1. 掌廚者亦是東方面孔，讓歐洲消費者充分感受到異國文化的饗宴。

2. 每一區都極具特色，消費者可以享受遊逛的樂趣，自由挑選想要吃的食物。

3. 這個攤位是賣冷盤加熱炒，包括通心麵與鴨肉冷盤。

4. 消費者挑選完食物以後，就到櫃檯排隊結帳，所有餐具皆在櫃檯處取用。

1-7

蓬勃生長的
花卉市場

歐洲人家家戶戶窗戶的盆花，或是陽
台的植栽，彷彿是理所當然的事。
位居鬧區的花店，看起來像是貨櫃市
集的地方，用一整個貨櫃來賣花，卻
不覺突兀，消費者購買後，就直接提
拎回家……

花團錦簇的
國度

　　來過歐洲的人，不管是去那個國家，通常都會覺得歐洲人富有生活情趣，很重視居家佈置。

　　例如家家戶戶窗台的盆花，或是陽台的植栽，就是大家津津樂道的事。而且似乎家家戶戶的花木扶疏，是理所當然，只有像我們這種觀光客，才會大驚小怪的猛拍照。

　　照片中是德國漢堡中央車站的花店，看起來真是美麗而繽紛，整個店面似乎都是花團錦簇的感覺，光是看著就很舒服。有這樣的店面，證明有這樣的市場消費。經過觀察，路過的行人，真的有不少走進店內購買花卉，從包裝上看來，拿回家自用的多，不像台灣似乎是送人為主，難怪花店很難經營。

　　從花卉的種類來看，初春的鬱金香，各色各樣佔據了很大的展陳面積，很多顏色在台灣是少見的。具體來說，其實台灣花店很少有鬱金香，因為這是一種很不耐的花，以台灣濕熱的氣候，大概只能放進冰箱（冰櫃），又很容易失掉水分吧！

　　以前，中華航空開航台北—阿姆斯特丹航線，特別從荷蘭空運在台灣少見的鬱金香，作為活動擺設，曾經造成很大的轟動。

人來人往的車站大廳，有一家
如此美麗的花店。

◀當季的鬱金香的顏色品種十分豐富，店家會十朵包成一束販賣。

一整櫃的花海，
熱鬧綻開

　　我看到的這家花店，標價是一把 10 朵約 7 歐元（約合台幣 238 元），算是很親民的價格。

　　其他如玫瑰和康乃馨也很出色，加上小盆栽的點綴，真是賞心悅目。

　　除了位居鬧區的花店，我也走訪了週日市集的花卉展售，看起來像是貨櫃市集的地方，用一整個貨櫃來賣花，卻不覺突兀。當天是非常漂亮的蘭花，對於德國人來說，看到蘭花就像我們看到鬱金香一樣，算是比較特殊的花卉，消費者購買後，就直接提拎回家，似乎很受歡迎。

花店造型與圖騰設計都非常漂亮。

店內其他裝飾性的盆栽。

在農夫市集與魚市場之中，會用大型貨櫃做花卉銷售，這次主題花卉是美麗的蘭花。

呈現在花店外的，都是當令最新鮮，而且相對較為便宜的花束，這張照片是4月拍攝，正是鬱金香的季節。

1-8

魚市場
熱烈喊拍

喊拍的老闆很有戲，不管是很誇張的
打開整個箱子，或大動作地把魚貨倒
進籃子裡，目的正是為了提高出價，
而一直把喊拍的東西往上增加，看起
來真令人心動啊！

怦然心動的
銷售情境

　　在夜市或是漁港，運用喊拍的方式，往往都可以創造出銷售情境，吸引很多人潮。或許看熱鬧的多，出手的少，也或許看熱鬧的人群中，還有店家「暗藏」的托兒（就是假裝出價，或是在旁邊起鬨的「自己人」）。但是，沒關係，就當是看場好戲，也會有不少人純粹看看究竟是誰一次買走了一大盤魚呢！

　　喊拍的老闆也很有戲，不管是很誇張的打開整個箱子，或大動作地把魚貨倒進籃子裡，目的正是為了提高出價，而一直把喊拍的東西往上增加，所以原來 7 條魚算你 1000 元，然後就是 8 條 9 條往上加，看起來真令人心動啊！

　　對於這樣的場景一定不陌生，然而，越過半個地球，來到德國北部的漢堡假日漁市集，居然照樣把相同的手法，運用得熱鬧有趣。

　　雖然聽不懂德語，但是從肢體語言，還有說話的聲調，可以充分理解喊拍的業者要表達什麼，基本是同一套劇本呢！不同的攤位前面，此起彼落的喊拍聲，也有互相較勁的味道，就看人潮往哪裡遊走移動囉！

一起趕早的消費者很多。

◀魚市場中常見的一種小食攤，主要販賣早餐。

零售業的
五感體驗

　　在這種情境下，完整呈現出零售業的五感體驗：消費者可以聽到、可以看到、可以嗅到、可以觸到，有些食物甚至嚐得到，真的使人印象深刻，也很容易刺激購買慾望。

　　找一個制高點，或找一個人潮停留點，拿出商品，運用一些暖場技巧，利用圍觀人潮，開始銷售商品的喊拍作法，看起來好像層次不高，卻有效。

　　一般零售業者如果沒有好的喊拍員，沒有好的理由與規劃，也並不適合常常做。但是這卻是與消費者很好的互動模式，在真正的商戰上，是不可偏廢，必須要瞭解的重要戰術。

雖然聽不懂德語，也可以看到德國人熱烈的魚貨喊拍。　　來趕早市的人潮。

整個市集的遠眺，就在碼頭邊上，所有攤販在限定時間內使用這個廣場，車子停好就開始做生意，整個環境非常乾淨舒適。

店家將拖車改裝成攤車型式，直接在此形成一個特定時間的魚貨市集。

就算是小食，德國人比我們想像中還要浪漫，餐桌上還裝飾了美麗花卉跟燭台。

1-9

自助洗衣店
已成潮流

自助洗衣已經跟現代生活息息相關
了，不再是「臨時」的權宜之計，而
是有些人根本不想購買洗衣設備，直
接用自助洗衣取代。

從專業送洗
走到自助洗衣

　　自助洗衣店可能算是最簡單明確的消費模式。以前似乎都是在大學校園附近，比較容易出現的經營方式，去的人就是洗衣服，或是烘衣服。

　　以前的所謂洗衣店，大部分都是論件計價，也就是說因為是比較不容易自己處理的衣服，可能是毛衣或是外套，才會送出去洗。有些比較講究的高階白領，當然也會經常洗燙西裝或是襯衫，但仍然是以件計價。所以，洗衣店是屬於專業等級來處理衣物的服務業。

　　後來很多人會把床單被套送洗，那是因為現代的都會小家庭，空間狹小，不僅是沒有曬床單被單的地方，可能連放置一台比較大一點的洗衣機都成問題，乾脆只準備小台一點的洗衣機，然後把大件衣物都送洗。

　　進一步說，因為台灣天氣潮濕多雨，也有不少人依賴自助洗衣店的大型烘乾機，來取代「太陽」。自助洗衣已經跟現代生活息息相關了，不再是「臨時」的權宜之計，而是有些人根本不想購買洗衣設備，直接用自助洗衣取代。

　　看到過有一些愛情喜劇片，會把男女主角的邂逅場景放在這，因為大多是單身男女來使用的多，而且又是作為固定的消費，自然有機會經常遇到某人，某人就有機會變成對的人。

　　可惜的是在現實中，自助洗衣店是個比較無聊的場景，很多人來使用的時候，都無所事事，現在就會依賴手機和平版。我則是經常偷偷觀察，究竟是什麼樣的人來自助洗衣店，單看衣服以及穿著，來猜測對方是什麼樣的人，是頗有趣的活動！

◀烘乾機前方都有乾淨的籃子，提供消費者使用。

簡單明瞭，
從觀察中就會操作

　　德國小城開姆尼斯的這家自助洗衣店，算是曾經差旅過十幾個德國城市中，規模最大、機器台數多，等待區及作業區都頗具規模，還有大型燙衣機器，有人會來整燙床單、窗簾。

　　其實旁邊連接一個管理室，可以兌換零錢、維護機器，還接受特殊衣物的乾洗整燙，甚至提供修改服務。窗明几淨，簡單明瞭，就是這種店面的不二法則了。

　　但是說到簡單明瞭，就要提到指示和說明。我們去過的城市很多，對於自助洗衣店的指示說明，真的很有感觸。如果能夠附上圖片，或是圖案，相信對於那種指示型的操作，一定會很有幫助，否則不管是德文、義大利文、法文，就算是翻譯軟體翻成英文了，還要猜一下，更別提使用翻譯軟體要翻成中文的時候，常常不知所云。

　　實體店的好處就是：看別人怎樣做，照著做就好！

　　記得好幾次，對方發現我們偷偷在觀察，還會很樂意的分享使用方式。到後來，我們也可以比手畫腳教別人，真是有趣的經驗。

自助洗衣店的外觀，營業時間從週一至週日的早上 6 點到晚上 10 點，以歐洲服務業來講，算是相當長的營業時間，但週末期間專人服務區沒有營業。

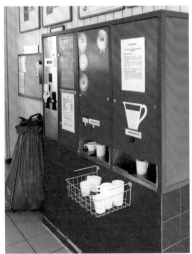

1	2
3	4

1. 歐洲的自助洗衣店。

2. 可投幣購買一杯洗衣粉，空杯再放回原處。

3. 從右側指標可以看出隔壁是專人做衣服修改、整燙的區域，是另外付費的服務。

4. 窗明几淨自助洗衣店裡也有自助的大型整燙機，大型床單等等布料在洗完之後，方便消費者整燙折疊物件。

1-10

「用路人經濟」
當道！

　　隨著充滿變化的商業模式展開，甚至
說去休息站購物也不為過，各地的小
吃名產、伴手禮，可說應有盡有。

高速公路休息站的
消費業態

「用路人」應該是典型的中國大陸用語，意思就是駕駛者，使用道路的人。

如果要來談一下用路人經濟學，就是在說汽車市場嗎？其實不是。既然是使用路道，這篇想要分享的，則是「開車上路」所產生的消費行為或消費業態。

台灣高速公路的 14 個休息站，大家都不陌生，有的採古早味的情境佈置，例如湖口休息站，也有以視野景觀文明，甚至變成拍婚紗場景，每年造訪人次近 400 萬的清水休息站。當然，位於居中地帶，使用量最大的泰安休息站，也是很多用路人熟悉的地點。

休息站每次的招標招商，也是眾所矚目的大事。因為一旦可以進駐其中，似乎就確保了很大的人潮及錢潮。因為，休息站絕對不只是去上洗手間的地方，很多人會在此吃飯、喝茶、喝咖啡，加油，繳費等功能更是不在話下。

隨著充滿變化的商業模式展開，甚至說去休息站購物也不為過，各地的小吃名產、伴手禮，可說應有盡有。隨著便利商店的進駐，能購買的東西也就更多元化了。有的休息區，還有盲人的按摩服務，可以消除駕駛的疲勞。

這個高度以內的孩童，可以免費進入；如果超過這個高度的孩童或成人則往這邊走，請投幣付費。

◀休息區域裡面都會提供餐飲與座位，供過路客使用。

媲美五星級的服務

經營台灣休息佔有成的南仁湖企業，更在 8 年前就搶下杭州灣大橋南端的南岸休息區，打造一個非常「台味」的休息站。

剛開始時，真的讓當地人非常不習慣，因此，一起標下的其他幾個高速路休息站，往往處在虧損的狀態下。3 年前，又投入 3000 萬人民幣進行改造提升，增加「車房區」，不僅可以讓駕駛人員和乘客「休息住宿」，還可以順便加油，做很多汽車保養等功能。終於，在去年（2016）得到浙江省政府頒發的「五星級服務區」的標誌，對於中國大陸的用路人來說，可是一個政府級的保證。

看到當地不少媒體報導，這個服務區的「台味」，不是只有台灣伴手禮鳳梨酥等等，很多服務都比照台灣模式，例如殘疾人洗手間（台灣稱為無障礙）和母嬰室（台灣稱是哺乳室）。

其實早年的虧損原因，起於當地人使用高速公路，通常以貨車駕駛為主。他們真的只需要洗手間和加油，連用餐都是越簡單越好。但是，隨著自駕遊（也就是私人轎車）的興起，高速公路休息區，才逐漸變成像台灣一樣，可以做很多日常消費的地方。

就像前面提到南仁湖經營的休息區，得到五星級獎勵的標準之一，是做到「同城同價」。也就是說，在一般店裡買一罐飲料多少錢，在休息區也是，而不是像早年，「沒得選且特別貴」。這個標準對台灣來說，應該說早就達成了。

休息站通常也會有小型雜貨區，販賣商品包括紀念品、玩偶、飲料、零食。

| 1 | 2 |
| 3 | 4 |

1. 洗手間的前方有投幣式的機器，會給一張 0.5 歐的折價券，可到休息站內買東西抵扣。

2. 甜品區的蛋糕有四種選擇，相當多元。

3. 休息站的收銀台。

4. 高速公路的休息區設計了天井，特別挑高且採光良好。

方便當地人採買活動和
用餐之地

不過，高速公路的休息區，還可以做什麼服務呢？

或許對於人口稠密的台灣，不太能想像出來了，各種生活機能不會想到跑去高速公路上滿足。讓我們來看一下，這個位在瑞士貼近義大利邊境的高速公路休息區吧！

歐洲的高速公路休息區，是連洗手間都是要收費的！一個人大約是 0.5 歐元（約 17 元台幣）。有的洗手間在投幣後，會提供一張抵用券，讓消費者在商場使用，但大多數卻不行，真的就是洗手間的費用。

這個休息站賣菜、賣肉、賣燈泡，以及家用品，還可以送洗衣服。原來對於像這樣人口很少的小鎮來說，休息站變成當地人的採買與活動中心，南來北往的貨車直接在休息站就補貨了。

當然也因為靠近邊境，雖然在瑞士境內，也賣義大利公路公路的通行票證，方便用路人，於是一過到義大利境內，不需要另外找地方買票證。

休息站除了是當地的採買中心外，也是不錯的用餐地點。所以餐廳還設計了挑高的採光，溫潤木質的用餐桌椅。在餐廳可以看到很多「不像是經過的遊客般的居民」，他們似乎一點也不趕時間，或是沒有帶行李，整體打扮看起來是等一下要去教堂等等。一進門的地方，也特別為了寵物狗，預留了喝水的地方。換言之，用路人經濟學，還真的是每個地方都不同吧？

柏林往法蘭克福的高速公路上，有一家標榜著餐飲的休息站，沒有加油站，沒有公廁，只有一家綜合餐廳，照樣人氣旺旺，很多人來造訪。

其中除了餐點外，還加入了另一家咖啡連鎖店，以及小雜貨店。

他的洗手間要付費，投幣 0.7 歐元，約 23 元台幣，會提供一張 0.5 歐元抵用券，可在店內使用，旁邊的小門則是給小朋友通過的貼心設計，如果身高超過，就請投幣吧！

德國的部分高速公路休息站，有時會成為附近居民採購中心。

高速公路休息站的用餐區，也可以像一間美麗的餐廳一樣。

1-11

獨立出來的
親子用餐區

德國百貨公司的餐廳，居然像吸煙區
一樣，設立了親子用餐區。
小孩子可以跑來跑去，不用擔心打擾
到鄰座，家長也可以放心用餐……

不歡迎吵鬧小孩的
餐廳？

最近有一個在網路上引起爭議的話題，有家餐廳在門口貼出公告：「本店不歡迎無法控制自己小孩吵鬧的家長用餐！」

這句話在網路上公布時，很明顯網友分成兩派，一派是「覺得店家很傷人，小孩子本來就很不受控，這樣寫不是很歧視帶小孩的家庭嗎？那就直接說小孩不可以進入算了！」另外一派就認為「太好了，我沒有小孩，最討厭小孩在餐廳吵鬧了！」於是，經常可以看到帶小孩用餐，受不受店家或其他客人歡迎的新聞及討論。

那麼，真的要有親子餐廳？把客人分類分群嗎？

我們平常看到，店家準備嬰兒座椅是基本動作，所以還有「吃到飽」的自助餐廳，雖然坐在嬰兒座椅的孩子不收費，卻要收個150元的場地清潔費，也確實看到小嬰兒吃起飯來，座位底下掉了很多食物殘渣，難怪要收清潔費。

進一步來說，若有兒童遊戲區，就是非常棒了。很多速食業者，例如麥當勞，兒童遊戲區的大小，左右了兒童消費者來的頻率。

餐廳的親子休息區，提供了小型的兒童遊戲設備與兒童桌椅給孩子使用。

◀親子用餐區與外面完全隔開。

分隔內外，
專屬的親子共餐區

在德國，卻可以看到百貨公司的餐廳，居然像吸煙區一樣，設立了親子用餐區。

小孩子可以跑來跑去，不用擔心打擾到鄰座，反正鄰座也會是帶小孩的家庭。於是，家長可以放心用餐，小孩可以使用遊戲設施，甚至認識其他小朋友。

想當然，一般沒有帶孩子的大人，不會跑去裡面佔用座位的。這樣的安排比單獨遊戲區又更進一步，雖然看起來需要比較大的空間，也要考量裡面人滿為患的時候，還是會跑到一般客席等其他因素。

但是，這樣一來，不用特別花費高額或大型的遊樂設施費用，其他客人也有不被吵鬧（雖然有時大人也很吵）的環境，相當值得參考。

親子用餐區與外面做了一個區隔，不用擔心孩子吵鬧會影響到其他客人。

餐廳的兒童休息區裡面，媽媽不用擔心影響其他客人或受到其他消費者的干擾。

親子用餐區有簡單的遊戲墊與溜滑梯，以及孩童專用桌椅，讓他們可以在這裡遊玩，而不像台灣麥當勞必須要用一個很大型的遊戲設備吸引孩子的注意。

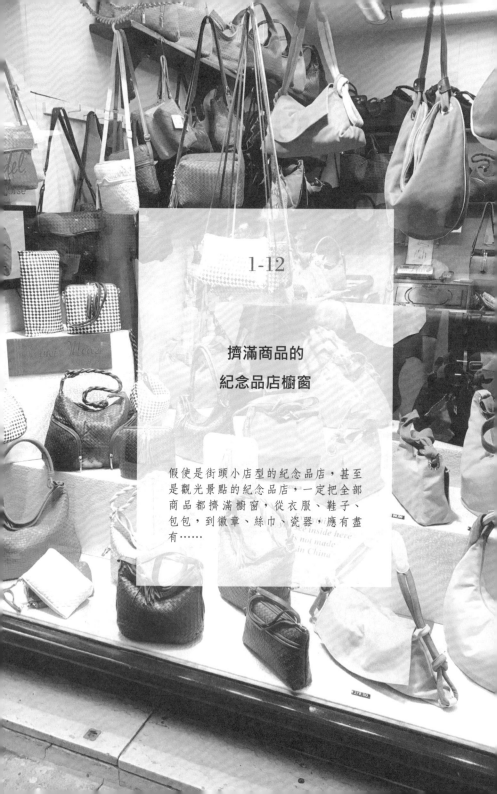

1-12

擠滿商品的
紀念品店櫥窗

假使是街頭小店型的紀念品店，甚至
是觀光景點的紀念品店，一定把全部
商品都擠滿櫥窗，從衣服、鞋子、
包包，到徽章、絲巾、瓷器，應有盡
有……

週日照常營業的
紀念品店

曾住過歐洲的人，應該很容易注意到一般商店週日不營業。

但是很多旅行團不一定會留意到這件事，因為只有紀念品店週日營業。什麼是紀念品店？我們可以從櫥窗分辨一下，如果是精品店的櫥窗，可能只有一兩個皮件，或是一套衣服，加上變換主題的背景。若是主題店也會有銷售主題，陳列在櫥窗裡面。

然而，假使是街頭小店型的紀念品店，甚至是觀光景點的紀念品店呢？剛剛正好相反，一定會把全部商品都擠滿，生怕哪個沒放出來，錯過某一個消費者。當然，或許銷售的不一定是所謂紀念品，但是可能是當地盛產，且觀光客常找的商品，都可以這樣分類，從衣服、鞋子、包包，到徽章、絲巾、瓷器、木器、馬克杯等等。

如果一間店面把所有商品都放在櫥窗上，我們稱之為「紀念品店」。從陳列美學來看，這種方式既沒有情境更沒有重點。

所以你家我家他家都一樣，一回頭，就忘了到底逛過哪間店。

這樣的店大概也只剩價格可以呈現，再來看一點運氣，可否挑到品質還不錯，或看一下在堆積如山貨物中，露出老闆的積極笑臉。反正心裡也知道，下一次基本上不會再來了。

義大利威尼斯是舉世聞名的觀光勝地，但是零售業態的獨特性，看似豐富多彩，實則卻乏善可陳。整座城幾乎都是為觀光客而生，店鋪的陳列模式已經說明了這一切。

威尼斯的店家大多如此，
因為當地以觀光客為主，
少有在地人。

1-13

在義大利
就該吃義大利麵

服務員會多國語言，點餐時，就會聽
遊客的對話，出其不意説一句你聽得
懂的話逗你。拍照時，還會在櫥窗內
配合「演出」，創造驚喜，把小小的
店變成動態劇場。

豐簡由人的披薩和
義大利麵

在義大利吃義大利麵，真的是滿大街都是吧？似乎不需要多介紹，也可以想像真的很多很多。

不管是高檔餐廳還是路邊小吃，都很容易吃到披薩和義大利麵。也就是說，這兩種食物，是可以豐簡由人的！

義大利威尼斯是座觀光城市，遊客穿梭其中覓食，那麼究竟要找哪家餐廳？除了網路資訊外，用第一印象選擇，是很容易的消費行為。

巷子底的這家外帶現做義大利麵的小店，沒有帶桌子的座位區，只有一條面壁的枱面，大概可站四到五個人，可以選擇在這裡「立吞」。外面也沒有空間，別想有什麼桌椅可以在戶外食用。

連燈罩內都是義大利麵，把義大利麵當作裝飾品，這家店可說發揮得淋漓盡致。

◀義大利麵不僅是食物，也是陳列品。

小小的店，
變成一座動態劇場

只有外頭的櫥窗玻璃邊緣，勉強可以靠坐著四個人，但意想不到的是，客人幾乎源源不斷，經常看到排隊到外面來。

小店的陳列，用了大量的義大利麵條，放在燈座及燭台中，點餐枱旁邊也有一小面牆都是義大利麵，共有三種麵及八個口味互相搭配，還有可樂飲料啤酒銷售，可說非常簡單。

這家店的特色其實正是互動。服務員會多國語言，在點餐時，就會聽遊客的對話，出其不意說一句你聽得懂的話逗你，就像點餐時，本來猜我們是韓國人（倒也不一定是猜，只是韓文日文中文隨便說，命中率應該很高）。

然後若要拍照，他們會在櫥窗內配合「演出」，也造成驚喜，更不忘展現麵條現做特色，如此便把小小的店，變成動態的劇場，不時上演一番，賓主盡歡。

難怪上網打卡時，發現他們的粉絲還真不少，善性循環下，又可以帶來更多的客人！

店門口非常小，必須排隊進入。

服務人員非常熱情,知道遊客要拍照,立刻比出「讚」的手勢,配合演出。

服務人員非常清楚遊客想要拍什麼,所以直接把他們的手工製麵條呈現出來。

不只一位服務人員,其他服務人員還比了「愛心」手勢,因為他知道自己成了照片的焦點。

1-14

妙卡巧克力
叫賣車

妙卡在德國百貨公司及超市所佔的排
面,代表市佔份額不小。
然而,拉一整個貨櫃到市集,加碼喊
拍可就很特別了吧?

巧克力也能
加碼喊拍！

在夜市漁市喊拍，是很常見的事，但是有看過巧克力糖也可叫賣嗎？

歐美人士對於巧克力，將之當作一般日常食品，不是特殊節慶才食用的。所以，巧克力當然可以喊拍。

妙卡巧克力是德國的一種平價巧克力品牌，以牛奶巧克力為核心商品，在台灣也很受孩子們的歡迎。

妙卡在德國百貨公司及超市所佔的排面，代表市佔份額不小。

然而，拉一整個貨櫃到市集，加碼喊拍可就很特別了吧？不僅和台下親子互動，消費者不管是大人小孩都會被吸引。仔細看看，還準備玩偶做贈品，只要買上一大袋，就可以把玩偶帶回家。

消費者真的是喊拍之後，
一整袋的買回家。

◀德國最受歡迎的一種軟糖 Haribo，在百貨公司也佔了相當大的營業面積。

難道真買上一大袋巧克力回去？答案是真的！看到路上消費者還不少人就買一整袋呢！

　　袋內既然是組合商品，代表妙卡的商品線是很完整的，不是只有一種商品，組合起來有巧克力脆餅乾、鬆軟的威化餅乾、純巧克力，還有榛果巧克力等等，倒也不失豐富。當然，歐洲人食用巧克力相關產品，量還是比我們大多了吧！

巧克力一樣可以用喊拍的方式來做銷售，整袋、整袋的販賣。

當店家進行整袋巧克力喊拍，也會準備禮物，像 milka 就把牛寶寶當作贈品，送給參與喊拍的消費者。

1-15

到處都是
復活節兔子

每年三、四月的歐洲零售業，所有陳
列佈展都會一直不停看到兔子，從吃
的、用的、擺飾等，因為這是僅次於
聖誕節的大節日！

不停看到兔子的
復活節

　　大家都知道聖誕節是西方最大的宗教節日，像我們過農曆新年一樣，也是百貨零售業的最大檔期。

　　那麼，排第二的是什麼節日？若在歐洲，答案正是復活節。

　　每年 3、4 月的歐洲零售業，所有的陳列佈展都會一直不停看到兔子。從吃的、用的、擺飾等，因為這是僅次於聖誕節的大節日──復活節的裝飾。

　　復活節也是重要的宗教節日，大約在 4 月上旬，有比較複雜的推算方式，今年（2017）則在 4 月 16 日。但是因為和春分節氣結合，才會形成一個大檔期的感覺。春分是 3 月 21 日，表示大地回春的意思，位在斯堪地那維亞半島的北歐國家，如丹麥芬蘭挪威，也真的有春分節，而兔子及彩蛋就是春分節的象徵，逐漸與復活節連接而成為標準的圖騰。

百貨公司裡面光是巧克力與糖果的區域就非常大，加了復活節的商品之後，更顯得十分壯觀。

各式各樣兔子造型的
巧克力和擺設

　　德國家庭會買兔子的巧克力，放在院子裡面讓孩子去找，一方面有驚喜的尋寶感覺，另一方面也真的是春回大地，才會讓孩子在院子玩耍吧？

　　家家戶戶也會開始更換家中的擺設，因此對居家用品店，兔子相關的可能會全店都有，特別是布藝類的桌巾、餐墊等。對孩子來說，當然是糖果及彩蛋和兔子形狀的巧克力，最能讓他們開心不已！於是，兔子相關的巧克力，又變成所有巧克力廠商的競相出招，所以感覺去一趟糖果店，就會被兔子給淹沒了。

　　這樣的大節日，商店陳列像作文比賽，每家都有，只看運用巧妙。且看放在購物中心中庭那個巨大的兔子，只為銷售復活節巧克力，也是非常有趣的吧！

復活節一到，可以看到滿坑滿谷以兔子形狀為主的巧克力，陳列在賣場之內。

百貨公司挑高的中庭裡，居然可以有這麼大一隻兔子的裝飾，證明復活節真的是百貨公司的重要檔期。

就像健達出奇蛋一樣，鋁箔紙一打開，就是兔子造型的整塊巧克力。

兔子也出現在居家擺設的櫥窗中。

崛起的

亞洲新「食」力

不管在德國哪個城市、商場,甚至是
火車站、美食街內,只要標榜著亞洲
食品,拿著筷子吃的食物和餐廳,不
是越南河粉、炒飯、炒麵,就是日本
壽司。

越南和日本，
餐飲新「食」力

如果提到歐洲，會先想到哪個國家呢？法國？還是義大利？每個國家各有特色吧？

那麼，如果反過來問，誰又能代表亞洲呢？這真是一個有趣的題目。

過去因為中國大陸經濟起飛，所以看起來中國觀光客似乎「攻佔」了各大歐洲風景區，以法國羅浮宮出現中文指標系統，就可以知道這樣的消費及人潮，我們當然跟著沾光，使用中文變成「顯學」。

但是，別的領域不說，只看零售市場內的餐飲吧！在德國的話，答案並不是中國喔，反而是越南和日本。

不管在德國哪個城市、商場，甚至是火車站、美食街內，只要標榜著亞洲食品，拿著筷子吃的食物和餐廳，不是越南河粉、炒飯、炒麵，就是日本壽司。

如果去看所謂的亞洲超市（簡稱亞超），別說台灣食物了，觸目皆是東南亞的食材、食品，要找到中國大陸的食物也不見得多。

原因是他們比較會行銷嗎？答案其實和二次世界大戰有關，特別是越南，當年因戰爭需要，安置了不少越南移民，形成他們落地生根後，自然把飲食文化帶入的情況。日本情況也類似，在德國北部如漢堡，也有很多日本移民。

這是一家很受歡迎的迴轉壽司店。

源自亞洲的
家鄉味

　　所以同樣來自亞洲，在德國卻是越南和日本的食物佔了最大宗，幸好越南和日本的文化也源自中國。

　　所以，想要吃點「家鄉味」，跑去越南或是日本店裡，還是有機會吃到的。例如，越南的炒麵，和我們夜市口味還真的很像，加點辣椒醬，果然立刻「東方」了起來。到日本料理店去點個拉麵，或是天婦羅飯，對於習慣於日式料理的我們來說，也算是挺親切的。

　　至於真正的中國餐館，我曾經在漢堡，因為有點受了風寒，實在是吃不下冷沙拉和牛排這類食物，找到一家中餐館，那可是從清朝末年就開的百年老店，裡面都是粵菜，說著廣東話，已經好幾代的老華僑吧？喝上一碗皮蛋瘦肉粥，胃就暖起來，人也就精神多啦！

　　以上這些亞洲食物，看看消費的人口，多是在地人為主，這才可以長久生存吧！

在歐洲想要吃到米飯並不是非常容易，這是瑞士車站美食街的某一家店家。只是簡單的一個便當，折合台幣約 700 元。

越南食物在德國非常的受歡迎，很多德國當地人都會點一盤越南炒麵來吃，這個口味跟台灣的夜市炒麵其實蠻相像的，所以也蠻合我們的胃口，店家還有中文標示。

販售越南食物的店家,大多是當地越南移民。

在德國,所謂的亞洲食物可能就是日本壽司與越南炒麵。

在德國每一個城市都可以找到所謂的「亞超」(亞洲超市)。

越南店的外觀,可是竟然寫上「北京餐館」,十分有趣!

「雙喜」臨門？
中文字的品牌運用

在德國的一家大型百貨公司，突然看到一整個陳列，上面的商品好像喜餅喔！

難道在德國，嫁女兒也要送這樣的喜餅禮盒？可是就算是喜餅禮盒，哪有可以擺在百貨公司一進門的重要位置上？仔細一瞧，可不是嗎？中文的「囍」字，好清楚喔！中文的方塊字，可以是全世界少有的美麗文字。除了是「囍」，不可能是其他的文字呀！

但是再看一下，其實這個像喜餅的包裝，居然是一套美容護膚用品——乳液和洗沐用品的組合包裝。

說實在的，和囍的字意，或是訂婚喜餅什麼的，真扯不上關係，也不會是什麼婚禮小物。簡單地說，就是國際零售業的中國熱，把中文字的美麗，呈現在衣服上，或是在商品上，很細微的具體呈現。

店家把中文的「囍」字拿來當作圖騰使用，非常美麗且有趣。

優雅而不俗，
國際零售業的中國熱

萬寶龍的顧客試寫洽談區，店家搭配中國熱，上方出現「囍」中文字。

中文字在歐美人士眼中，像個設計美麗的圖案，所以運用在商品及行銷上也是很好的巧思。

以前開玩笑說，不認識中文字的外國人，看到中國商店常常標示「物美價廉」，就認為這應該是一句很好的詞彙，所以設計在衣服上，就把「物美價廉」四個字穿在身上了。這固然只是笑話，但是，運用得好，還真的很吸睛。舉例來說，中文字的「龍」，在知名的國際影星成龍的周邊商品上，可以看到這個字形的變化。

保養化妝品用了「囍」，其實不是特例。我們可以從另一張照片看見，萬寶龍筆店的店內陳設，除了商品展示櫃以外，因為是精品級的商品，也有這樣的洽談桌，想要購買的人可以好整以暇的坐下來試筆。

運用了中國文字後，簡直像新房一樣美麗吧？只是它們不約而同也寫上「囍」，還用得優雅而不俗呢！

1-17

乾淨到可以
開餐廳的菜市場

德國的傳統市場甚至像路邊咖啡店一
樣，設置許多戶外座位，這就充分證
明，菜市場絕對沒有五味雜陳，或是
乾淨衛生的問題。

菜市場的
美學體驗

　　如果要瞭解一個地方，或是一個城市的庶民消費，最適合的地方，當然是當地傳統市集，也就是所謂的菜市場。

　　只不過，因為零售業的現代化，庶民消費以超級市場的模式取代了，再加上畢竟是過客，無法深入當地人的居家生活，真要找一個菜市場，並不是件容易的事。

　　但是，真的想不到，德國的傳統市場，居然如此豐富而好逛。說到菜市場，難免聯想到雜亂髒污，或是很老舊的形象。然而，德國的傳統市場裡面，居然乾淨到還可以開餐廳呢！甚至可像路邊咖啡店一樣，設置許多戶外座位。這就充分證明，菜市場絕對沒有五味雜陳，或是乾淨衛生的問題。

傳統市場入口。

傳統市場旁邊，居然有如此氣氛佳的餐飲店！

德國傳統市場，右側賣水果，左側有餐飲店可以讓消費者吃午餐、喝咖啡。

◀這是傳統市場內的水果店，有賣桃子、柳橙等等種類的水果。

怎麼看都美麗的
傳統市場

　　真正深入檢視賣生鮮蔬果的攤位，其中有一個攤位，把各個品種的蘿蔔，做一個切面，陳列起來使客人知道品質，因為色彩豐富，所以還真的很好看。而且紫蘿蔔黃蘿蔔之類，我們在台灣很少見，說實在並不知道怎樣料理，但看到橫切面，至少證明它和紅白蘿蔔很類似，那應該燉菜、煮湯都可以吧？

　　這個市場有一個主建物，其中包含生鮮，如現切的牛、羊、雞肉等等，還有加工食品如火腿香腸，更有不設座位，站著吃飯的立吞區，像是大排檔狀的熟食店，奇怪的是氣味並未互相干擾。

　　建築物外圍是一圈蔬果攤及日用雜貨店，日用雜貨店的鍋碗瓢盆，還是有著歐洲商品特有的美感，怎樣看都美麗，明明只是一般日常生活用品而已呢！再外圍則是前述提到的一排餐廳。

　　看著這些一般民眾的日常店鋪，可充分體現生活美學處處在，連攤位也可以陳列得相當美觀！

傳統市場有一個主要建築物，裡面有賣肉品的攤位，同時也有像大排檔一樣的小吃攤，可以同時賣生鮮與熟食，就表示它的衛生管理相當良好。

1	2	3
4	5	6

1. 另外一家賣傳統蔬果的攤子，花椰菜、蘿蔔、薑、洋蔥、地瓜一籃一籃裝好，陳列出來。

2. 德國食物裡面經常會用到的香草，例如羅勒、薄荷、迷迭香等。

3. 德國有非常多種不同顏色的蘿蔔，店家把每種蘿蔔都做了橫切面的陳列，讓消費者直接看到蘿蔔的品質。

4. 德國傳統市場內也有賣一些居家用品，這些全部都是餐巾紙，不是明信片喔！

5. 雖然是賣鍋碗瓢盆，但是奇特的是看起來特別地繽紛美麗。

6. 販賣新鮮蔬果及辛香料的攤位。

1-18

運動也可以

精彩行銷

當世界盃開打，連知名汽車大廠，也
在展示中心放上一堆足球裝置藝術，
吸引球迷青睞，不肯自外於運動賽事。
這種跨國的持續大型賽事，對於很多
廠商來說，都是重要的行銷活動！

跟隨運動人口
創造出來的商機

先前機場捷運通車，桃園捷運公司當然全力宣傳，於是桃園市長帶著職業棒球明星一起試乘捷運。

A19 站是體育園區站，其實就是棒球場。如果一旦真正通車，可以鼓勵北部的球迷，都搭捷運來看棒球，不再受限於現在只能開車前往的狀況，真是很棒的事情。

前一陣子，剛在寒流中舉行的渣打台北馬拉松路跑，一大清早，就擠滿了要準備開跑的人群，不因為低溫而退縮，還創下了歷來報名人數最多的紀錄，表示台灣的路跑人口數仍在成長。

這些熱鬧的話題，不管是跟隨運動人口而創造出來的活動或是代言，以及產生的品牌印象與商機，都是所謂「運動行銷」的一環。

以往提到運動行銷，自然在歐美地區非常盛行，四年一次的奧運，一定所有國際大品牌搶著做授權商品及指定贊助商。以可口可樂為例，它已經是世界知名品牌，卻還是一直花大筆贊助費用，來鞏固飲料霸主的地位。不管奧運在哪裡舉辦，它一定是很重要的贊助廠商。換言之，可口可樂一定評估過效益，在運動競賽的賽事中，很容易讓大家因為歡樂有趣，甚至緊張刺激等情緒，而對該品牌帶來加分效果。

可口可樂贊助，所以整個車站都是跟運動有關的行銷廣告。

◀每逢四年一度大型足球比賽，店家會把店內裡外布置滿滿的足球元素。

令人熱血沸騰的
運動賽事

　　美國的 NBA 職業籃球賽，更是每州甚至每市都有重要球隊，均可牽動人心。眾多球迷像追星一樣的，高價買票進場加油，也創造出非常多的運動明星。

　　歐洲對於足球的風靡，也是讓人瞠目結舌，每逢到了歐洲盃足球賽，似乎連旅遊及工作都會受到影響。特別是歐洲諸多國家，似乎從一次二次世界大戰的歷史，累積了很多不同的愛恨情仇。因此，每次國家隊互相開戰的時候，一個弄不好，還會演變成雙方球迷的大戰。

　　例如，法國和德國，看起來似乎是世仇。以去年的歐洲足球賽來看，主場地點在法國巴黎，德國人個性相對非常克制，但是法國人就真的情緒很激動。街上經常看到互相加油或是大聲叫囂的球迷，不管是不是法國隊踢球，還是會產生影響。

| 1 | 2 | 3 |

1. 當有足球比賽的時候，很多商店都會把足球當成陳列重點。

2. 尼斯舉辦的三項鐵人競賽，海上有非常多選手正在賣力地競游。

3. 後方有大屏幕轉播賽事，前面的民眾一邊喝著啤酒，一邊看比賽。

運動賽事熱，
各品牌的重要行銷季

在德國，可以看到用大型戶外空間架起來的臨時轉播站，也安排很多攤位和戶外的飲料站，提供給球迷消費。

像這樣的大型賽事進行時，附近的店家，必須進行很多因應。餐廳有電視轉播的就要特別注意，如果原來就是「運動型餐廳」（固定轉播球賽）也就罷了，也有不少餐廳特別為了球賽而架起電視頻幕，就要考慮到營業動線，甚至菜單內容了。

法國巴黎本就是個舉世聞名的觀光城市，很多販售觀光紀念品的小店，當然也就成了球賽紀念品的大本營，球隊的帽子衣服，加油的國旗和加油棒，自然是不可少。

連知名的汽車大廠，也在展示中心放上一堆足球裝置藝術，吸引球迷青睞，不肯自外於運動賽事。這種跨國的持續大型賽事，對於很多廠商來說，都是重要的行銷活動。

反觀台灣，其實運動風氣也是近年才開始越來越盛行，不再像以前想到運動行銷，就只有棒球可以一談。最近的路跑和自行車，都是熱門的話題。若是加上長泳和登山，甚至於近來最夯的露營也算的話，跟運動相關的商機和話題也真不少。

不過，運動行銷通常是指運動賽事周邊的廣告、代言、活動贊助等等，透過賽事而產生的品牌形象與商機。若要擴大討論真正運動時，所產生的商品市場，雖然有正相關，但其實又是另外的議題了。

運動賽事期間，很多人會將自己從頭到尾做一番打扮，因此相當多的紀念品，包括帽子、旗幟等商品在當地十分熱銷。

Chapter 2 主題店與專門店

什麼都專賣，什麼都不奇怪！

2-1

SCHCHBAUER
刀具店
x
一把好刀走遍天下？

一間主題店必須包含兩個因素，第一
是消費者是不是夠集中，第二則是深
度、廣度足不足夠？深度及廣度必須
兼具，才可以稱做主題店。

任何商品都可以是主題

講到刀具之前，先來談談什麼叫做「主題店」？

任何商品都可以變成一個主題，所以隨處可見襪子店、帽子店，更別說內衣褲、鞋子本來就有專門店，所以要做一個特別的專門店時，會考慮買這項產品的族群是不是集中？是不是足以把這一個商品本身的深度、廣度做出來，變成一家店，這是在談設計店型這個業態的時候，很重要的關鍵。

台灣很少看到一家專賣刀具的店，一想到「刀」，會想那是什麼刀？通常就是菜刀，覺得只有婆婆媽媽才會關注刀具，它只會出現在菜市場，很難在一個購物中心看到一個專門賣「刀」的店，就算在百貨公司看到刀具，也是跟鍋子放在一起，歸類為做菜用途。假設這間刀具店裡很多男生進去逛，我們會覺得：「好怪喔，為什麼會這樣呢？」換句話說，它其實不只有烹飪的用途。

中國大陸有家知名刀具店，叫做「張小泉剪刀店」，指甲剪、水果刀等什麼刀具都有，其中最著名的是指甲剪或鋒利的小剪刀，適合剪衣服、剪紙，甚至有小孩子做勞作用的美術刀。張小泉是專門做這種鋒利的刀，於是發展成了一家刀具店，可是它算不算是刀具主題店？這裡可以先打一個問號，因為「張小泉」是從製造商的角度來看這件事情，它所賣的東西都是由他自己生產的為主。

假設今天要談一間主題店的話，必須包含兩個因素，第一是消費者是不是夠集中，第二是它的深度、廣度足不足夠？

若以刀具為例，所謂深度是指甲剪有分大的、小的、塑膠的、剪手的、修足的，一路往下延伸叫做深度；廣度則包含指甲剪、裁縫剪、菜刀，種類很多的意思。一個是平行延伸，一個是垂直拓展，商品可以用深度跟廣度這兩個向度來看，兩者兼具，才可以稱做主題店。

◀刀具很適合掛在牆上陳列，因此店家充分利用了每一個空間。

只要想得到的刀，
這裡通通都有

那麼德國的刀具店，它的深度、廣度是什麼？為什麼能吸引很多男生前去？

店內賣開山刀、瑞士刀，露營、旅遊、登山、釣魚、溯溪等各種野外用的刀具，屬於一類；烹飪專用、居家用途、一般剪刀等又分屬不同種類，除此之外，刀具店在德國很著名也很普遍，甚至是所謂修剪花木的園藝用具，細分之下還有修剪細枝、切花、結合鏟子做大型樹木修剪等各類刀具，一應俱全，應有盡有，等於說只要想到「刀」，這裡都有賣，「豐富」是最重要的關鍵。

這家刀具店並非設置在百貨公司，而位於一般城市的路邊。雖然很多東西在百貨公司都可以買到，可是種類反而就分散了，例如男生使用的刮鬍刀、露營野外適用的刀具，就放在男士樓層，烹飪使用的菜刀就會放在以女性為主要客群的廚具樓層，反而不夠便利。

因此，並不是說這些東西有多麼特別，而是它非常集中，兼具深度與廣度，就會變成一家很棒的主題店。

這家刀具店大約 30、40 坪之大，光是陳列出修剪指甲的刀具，一次就看到二十把，才知道原來它有各種不同的變化，是平常難以想像的。如果我們買一把指甲剪，有大、中、小尺寸可以挑選，小把放在皮包外出使用，大把則作為居家使用就算很不錯了。但是在主題店，一次就陳列出多樣化的各式款項供挑選，除了豐富度，還十足吸睛。

比方說廚房用刀，可細分成專門切菜、切肉、切魚、剁骨、去魚鱗的各類用刀，同時都陳列出來，讓客人知道說原來不是一把刀具走遍天下，它有很多不同的功能性，區分非常精細。

這類刀具店其實屬於功能導向，很少人是毫無目的地隨意逛逛就購買一項產品。即使如此，它還是有促銷活動，店家經常把一些放在家裡，多一個不多，少一個不少的商品擺在店門口。

裝潢同樣相當重視採光與陳列的美感。

生硬的商品也有陳列的
價值,我們可看到連刀
具都可以呈現出精品一
般的質感。

例如說把切水果跟攜帶外出的瑞士小刀合併促銷，當一般人逛街看見的時候，可能會覺得說：「好可愛」、「我家裡沒有這個顏色」，或許就會多買一個，或是說：「突然想到家裡是不是缺一把水果刀？多買一支無妨吧！」這類刀具被擺在大門口，利用價錢、顏色、廣泛使用的功能性，當作它獨特的促銷活動使用。

▌兼具質感和藝術收藏的 職人精神

不同於「張小泉剪刀店」是以製造商的思維而生，德國的刀具店是把各家廠牌的刀具集合在一起，所以可以看到雙人牌、瑞士小刀等各廠牌，店家還會針對不同的特色進貨來販售，可說屬於通路商的角色。

販賣刀具的思維通常是以製造的角度不斷研發，提升這項產品的功能性，但主題店的思維比較近似於把某樣產品挑出來，變成一個主題來做販賣，兩者是不同的事情。

專門店也可以呈現所謂的職人精神，販賣很高階的專業用刀，比方某品牌是專門做露營刀具，在這裡都可以看見，商品也比較完整且集中，倘若只是針對特定族群使用的刀具，無法特地開一家店進行販賣，所以可能就會放在這種刀具專門店來做呈現。

順帶一提，這種刀具店也會販賣開瓶器，因為開瓶器通常連接著一個小刀，作為拔開軟木塞之用，所以在刀具店也會販賣開瓶器，這些都跟歐洲的生活、文化是息息相關。

此外，這種類型的店都裝潢得很美，不像我們印象中菜市場當中陳舊的店面，換句話說，這種店除了一般功能導向的用途，還兼具了收藏與送禮兩種特色。我們不太可能跑到金門菜刀的店家，就為了買一樣東西送人或收藏，但是德國刀具店產品齊全，甚至很多漂亮的刀具附帶精美雕花的專用皮套，兼具質感與藝術感，相當適合送禮之用。

有些人則把收藏瑞士刀視為興趣，只要有推出新款式，就會強化自身在刀具上收藏的深度，因此在價格上既有親民的，亦有非常昂貴的，價格帶比較寬廣。

　　從店家的櫥窗陳列就看得出來，它們把刀具當作精品擺放，甚至打光，就像賣藝術品一般，把每一把刀具陳列出來，並在底下鋪上絲絨襯墊，是走精緻化的路線，但客群並不受限於收入多寡與否，蠻大眾化的分布，因為歐洲人的生活、休閒相較於我們較為多元，對於嗜好（habit）非常分明，從這種主題店的開設與客群。就能清楚體現這層文化差異。

刀具店的櫥窗。

除了烹調，也有園藝用途，刀具的豐富度在櫥窗內展露無遺。

2-2

CITY

小鎮在地超市

x

在地大出的好味道

看到了大出的包心菜，就知道現在是什麼盛產。
歐洲人很愛喝氣泡水，整面貨架上都是各式各樣的口味！

小農經濟的在地性

　　我曾經在歐洲小鎮超市看到一大堆包心菜就擺在門口，這些包心菜都是在地耕種的。看到這家獨立超市會提到「在地」，是因為看到了大出的包心菜。然而它在當地就只有單獨一家，相對於大型連鎖超市，它近似於台灣早期「柑仔店」的感覺，因為待的時間不長，也不清楚下星期會賣什麼，可能洋蔥大出就賣洋蔥，至少有一個區域陳列出目前大出的商品，而不會說趕快把它運到別的地方販售。

　　就我的觀察來看，小農跟連鎖店必須先定義，今天很多大型連鎖店很難支援小農，因為小農生產出來的東西，無法供應連鎖店所有的店家，所以看到連鎖店所謂的小農比較類似於一種商業性活動或項目，無法長期給予小農相關支援，當小農為了要配合連鎖店而必須擴大經營，他就不再是小農的概念了。

　　要做到所謂的小農經濟，除了超市的做法以外，很多地方有所謂的農夫市集，他沒有辦法每天或穩定供應，我們在講連鎖店或是一般商品的時候，需要講求穩定性。如果今天在這間超市買的牛奶是這個味道，下個禮拜沒有了，然後再下個禮拜買，喝起來口感又跟以前不同，所以在談連鎖超市、商品化的時候，則會希望產品穩定，然而當產品一穩定的時候，就面臨到管理、生產大量的問題。

　　反觀對於小農，其實就可以講說它是不穩定的，我今年跟小農買的玉米，可能跟明年買的玉米就長得不同，收成量也不同，可能受限於氣候等各種因素，必須要容忍跟接受這樣子的落差，這才叫做小農。

　　所謂的在地超市，我認為日本做的比較明顯，舉例來說，在北海道可以看到很多超市裡面會販賣當地牧場生產的牛奶，它就是限量的，只有在北海道才買得到，他不會把北海道的牛奶運到東京去賣。我們在台灣如果把屏東的芒果運到台北賣，其實就不叫小農經濟了。就碳足跡的角度來看，它是要盡量在地，縮短交通運送才符合它的概念。

◀一進店內就看見成堆的花椰菜，顯示了「在地」盛產季節品。

整排貨架都是
氣泡水

　　歐洲人很愛喝氣泡水，甚至近年台灣也開始流行了，大餐廳裡面也會販賣氣泡水。

　　雖然歐洲的自來水應該是可以生飲的，但我很少看到歐洲人直接飲用，連我去德國朋友家作客，也不曾見過他直接開水龍頭生飲，都是開包裝水飲用，而且大部分都喝氣泡水。

　　因此，還有所謂氣泡水的機器，裡頭有一個鋼瓶，打出來的水就是有氣泡的，我們剛去旅遊的時候，其實不太出來分辨得出來。一般在餐廳常見的 Perrier，顯而易見就是氣泡水，可是後來到歐洲超市裡面一看，發現有氣泡的水非常多，不小心就會買錯，如果買錯氣泡水，放在車上就會發生一個問題，就是車子行經途中，打開瓶蓋想喝水，水就會直接噴撒出來，就跟汽水一樣。後來才知道氣泡水還有分輕度、中度、重度，重度的氣泡非常多，就連氣泡水都有分層次，是相當有趣的一件事。

　　超市的貨架會根據百分比擺放商品，暢銷的商品比重就比較大，這是一般人都能理解的概念。這裡就發現包裝水跟氣泡水的位置，都比我們想像中來得大許多，有大、中、小各種包裝，也有方便攜帶、特殊瓶蓋的各種設計，口味十分多樣化，有蘋果、檸檬等等口味的水，代表這個商品在歐洲具有廣大市場。

　　這類添加口味的飲用水，其實早期台灣也有販賣類似的商品，但銷路似乎不是很好。

在地超市的外觀，門口銷售當季花卉。

歐洲最流行的氣泡水,在貨架上佔了非常大的位置。

超市內部空間寬
敞,便於消費者
選購。

2-3

EuroShop
單一價
x
1 歐元的在地好貨

單一價的商店在流通業當中是相當獨
特的業種,因為它是用價錢來切割,
只要同樣價錢的東西都可以賣,它不
分任何種類、客群……

此時不買，
更待何時？

在歐洲的單一價商店是 1 歐元，折合台幣約 34 元左右，美國也有單一價商品，它是 1 美元，因此所謂的單一價就是在這個國家裡面，使用當地貨幣計價，有一個數字是讓大家覺得：「哎呀！好便宜喔！此時不買，更待何時？」

日本的百元店也是同樣的概念，日本人的 100 日圓就是一個銅板，可能丟在路上也沒有人要撿，居然用一個銅板還可以去買一個杯子、一把牙刷或是幾支筆，很划算的感覺。日本的百元店是在日本經濟開始不景氣時，當時物價高漲而興起的，反過來說，如果用很便宜的價錢，可以買到生活必需品，就不用擔心進了一家店，裡面大部分的東西是買不起的，所以才會出現這種單一價的商店。大創也是其中之一，在歐美地區所謂的 1 歐元或 1 美元的商店，相信也是在類似的情境下，所誕生的店型。

唯一用價錢
切入的獨特業種

單一價的商店在流通業當中是相當獨特的業種，因為它是用價錢來切割，只要同樣價錢的東西都可以賣，它不分任何種類、客群，跟所謂的超市、超商、主題店、專門店也好，是不太相同的概念，它是唯一用價錢切入來販賣商品。

單一價店家的商品有一些特色，從消費者角度來講，當然是希望「便宜又大碗」，對於商品設計者來講，要維持這種特性是相當困難。假設以大創的 39 元來講，一個方向是要把昂貴東西的價格壓低，以 39 元販售，可是另一個角度是：不能賣 10 元或 20 元的東西，就只能賣 39 元的東西。

◀歐洲單一價商店的陳列非常直觀：「所有東西都是 1 歐元！」

因此為了要符合單一價的概念，如果是 10 元的商品可能會四個放一袋做販賣，它不能太便宜，也不能太貴，必須維持單一的數字，對於商品設計來講，既要商品豐富化，又要控制成本，其實是很大的挑戰。

　　據我瞭解，他們在做商品開發與設計的時候，比如在一個會議中談到兒童用蠟筆能不能賣 39 元？大家就要研究 39 元的蠟筆是怎麼來的，或是最近流行手機吊飾，或是悠遊卡的皮套流行使用某種特殊材質等等，討論這個價格是否做得起來，亦即所有的商品都用「單一價錢」做限制的時候，對於商品開發與設計者而言，是另一種不同的挑戰。

　　這也是大創會讓我們感到驚豔的原因，因為經常發現設計出一種很奇怪的東西，卻只賣 39 元，譬如說烘焙用的小型模具，讓小朋友可以做小餅乾、點心，都只要 39 元，或是髮型設計用的髮捲、或是雨傘、手帕……，各式各類產品都是單一價，確實是一個很大的挑戰。

用少少的錢，滿足民生所需

　　日本的單一價商店做得相當成功，我們再來看看歐洲的單一價商店，兩者有一點點類似，但是坦白說，還是日本人比較厲害，因為他們會把很多小東西做到極為精緻，像歐洲這種單一價商店給我的感覺，陳列在門口的商品，大部分都是屬於比較便宜的毛巾、T 恤、拖鞋等等，品質上面沒那麼好，它比較貼合單一價商店的初衷：生活必需品。

人們可以用很便宜的價錢滿足生活所需，不像日本的百元店，已經從民生必需品的角度，更延伸發展出潮流、時尚產品的另一個面向。

　　歐洲單一價商店的陳列相當簡單，大部分都是堆疊的，成堆、成堆的擺設在門口，客人可能得自己去挑挑揀揀，雖然是單一價，裡面還是販賣很多東西，一樣有玩具、文具、居家用品等，只是它的精緻度與豐富度，跟我們印象中的大創這種39元店還是差別很大。

　　再回頭來講，單一價商店的挑戰在於說定價能否維持不變，舉例來說，歐元初期是屬於強勢貨幣，折合台幣約 46 元左右，但是一路降到現在約 33、34 元，所以他能不能夠在匯率或是整個貨幣強度改變的時候，仍舊維持相同的單一價，我想這會是一個很大的挑戰。

　　以台灣來講，當大創說要把所有的東西調成 49 元，造成消費者的反彈，因為心理價位已經深植在民眾內心，當初已經教育消費者認定心理價位就是 39 元，突然說改成 49 元，就會難以接受。如果一開始是以「銅板價」的概念來教育消費者，即不到一個銅板可以買到，那麼賣 39 或 49 元，也許大家都可以接受，可是已經用 39元來教育消費者這麼久一段時間，現在要調漲價格，我覺得大創會受到很大的挑戰與壓力。

連鎖型態，
成為城市的重要指標

單一價商店在歐洲也是連鎖型態的，只是我不確定是否遍布全德國，但是在歐洲經濟不景氣的時候，這種商店必然有它的一個發展趨勢，特別是難民居多或經濟相較弱勢的城市，這種單一價商店勢必能夠持續發展很長一段時間。而且當單一價成為這類商店很重要指標的時候，在這種店內要賣比較高單價的東西，相對是很困難的。

中國大陸的「一五一十」是一種很特別的店，這個店叫單一價也很奇怪，它應該叫做「單二價」，它的價錢分別是 5 元跟 10 元人民幣兩種價格，這是一個很大的挑戰，因為同樣一個商品有兩種不同的價格帶，它在大陸的作法並沒有到遍地開花的地步，過去 10 年來也許只有開到 10 幾家店而已，你說它成功嗎？我覺得就單一價來講，它不算很成功，因為拓展很慢，但是它也沒有失敗，畢竟它還存在著，就表示說還有成長的空間。

中國大陸還有一種更低價的店型，通通 2 元店 (人民幣)，遍布在夜市或是三、四線城市，其實台灣也有，叫做「10 元商店」，單一價格為 10 元，就是接近夜市價格的路線，也是很特別的類型，放在天秤上來看，會發現通通都差不多，就經營模式、陳列、管理來看，都不是很有制度，比較類似於打游擊式的做法。

單一價商店的陳列告訴消費者：「所有的東西都是 1 歐元！」

2-4

NIVEA

妮維雅旗艦店

X

親民品牌的高級形象店

用旗艦店的角度來看這家開在柏林的
妮維雅,產品線完整,呈現了品牌精
神、故事與未來展望,富有實驗性質,
更宣示了它是德國品牌的意涵。

用心且用力的
品牌秀

這個德國品牌，大家都很熟悉，可以從小孩子用到老奶奶，因為產品的味道清淡自然，也有很多男生愛用。當然，後來也出了男性專用的系列。

乳液也好，護唇膏也罷，在台灣不僅是藥妝店，超市超商也都容易買到。

這是妮維雅在德國首都柏林的旗艦店。從來沒有看過如此完整產品線的呈現，還真壯觀！

店內有品牌形象的影片室，可以把照片轉印在蓋子上，訂作專屬商品的服務。最重要的是有做臉及身體護理的 SPA 區，真是非常用心且用力的品牌秀。

用旗艦店的角度來看妮維雅旗艦店，第一，它的產品線很完整；第二個，它是德國品牌，因此開設在柏林；第三個，它呈現了品牌精神、故事與未來展望；第四個是實驗性質，它在旗艦店的後面有一個做臉的區域跟 SPA，平常沒有看到其他妮維雅店家有這種設施，布置得很漂亮；第五個就是它也宣示了它是德國品牌的意涵。整體來講，妮維雅旗艦店做得很棒！

旗艦店內除了有完整的商品之外，也會看到不同系列的商品，分別擺放在不同區域。

柏林妮維雅旗艦店的整體外觀。

妮維雅櫥窗一角。

熊是柏林市的象徵,這家妮維雅旗艦店入口處也有一隻配合柏林市形象標誌的熊,作為裝飾。

作為旗艦店,品牌形象非常重要,因此會在店內最核心的地方,把品牌標誌呈現出來。

1	2
3	4

1. 把 SPA 區放在旗艦店內，讓消費者有機會接觸到妮維雅商品的等級，已經到了可以做護膚沙龍的程度。

2. 想要量身打造自己的妮維雅嗎？在這裡可以把自己或任何照片印在盒罐上面，打造專屬於自己獨一無二的妮維雅。

3.4. 大概很難想像，妮維雅居然如此多元化，有著各式各樣商品。

2-5

ahorn APOTHEKE
ahorn APOTHEKE

藥局
X
藥局藥妝傻傻分不清

談到德國,他們有兩種類似的型態:
藥局與藥妝,內涵也有所差異。
藥局裡面也有賣美妝,但是會有專業
藥師駐店,諮詢或處方都有。

藥局與藥妝，
內涵各自不同

　　台灣的消費者最喜歡到日本的藥妝店去買東西，市面上也有專門指南，另外日本美妝店是只賣化妝品的店型，也吸引很多人特別前去。

　　照理來說，我們去藥妝店買的東西全部都是美妝，為什麼不直接去美妝店？這兩種店型有何不同呢？其實兩者是不太相同的，日本美妝店純粹只賣一線或二線有品牌的化妝品，也有販賣很多美容、沙龍類的商品，於是就會區分成藥妝店跟美妝店。

　　但是談到德國，也有兩種類似的型態：藥局與藥妝，其內涵也是有所差異，藥局裡面也有賣美妝，但是會有專業藥師駐店，諮詢或處方都有。因為服務人員其實都是藥師，穿著專門制服，看起來完全就是專業人士。然而藥局也會賣一些開架式、不需要處方的商品，例如德國一些很夯的單品，小菊花護手膏、百靈油，都可以在德國藥局的開架式購買得到，不需要醫藥處方。

　　德國的消費者會到這種藥局去排隊諮詢，特別是老人家在星期一早上藥局開門的時候，跑到藥局排隊諮詢，有一些要配長期處方藥，有一些則是諮詢身體狀況不適的狀態，把藥師當作家庭醫師來看待，這跟德國的醫療制度有關係，因為在歐洲看醫生很貴。

　　據我所知，有時候如果生病了，就要特別拜託德國的朋友去預約醫生看診，譬如我朋友得了花粉熱，因為春天正是花粉的季節，他覺得鼻塞、頭暈、過敏，但是因為不知道該如何跟藥局的人溝通，也不知道該吃什麼藥，只好請我先生工廠裡的人特別約了德國醫生在兩天以後看診（不能馬上看診）。醫生還說是特別插隊安排位置，要不然的話，醫生根本沒有時間。

　　因此可知，在德國看醫生其實蠻不方便的，跟台灣完全不一樣。

◀在德國看到有一個「A」字圖形的招牌，就是真正有藥師服務的藥局。

Logo 識別，
到藥局諮詢兼買藥

回頭來講，這些藥師等於做了第一線的工作，當民眾告訴他們一些症狀，他們就會給予反饋，可是真正的處方藥還是要由醫生開立，只是他們會賣一些類似我們概念中的「成藥」給民眾，然後提供一些服用建議。

德國有一些感冒茶，他們很愛喝這種茶飲，在這種一般所謂的藥妝店裡頭就可以買到，但是如果真的要像伏冒、普拿疼的藥物，就要去有藥師的藥局才買得到！

所有的藥局都有一個標誌，就是一個「A」，「A」畫起來像是一條蛇，「蛇」在歐美就代表醫學，只要看到跟蛇有關的圖騰，大致上就跟醫藥有關，好像與歐美文化信仰的宗教有關吧！因此，若是看到這個 Logo，就可以知道這裡有藥師服務。

一個 Logo 能夠被識別，它就是一個 CIS 的概念，因為 CIS 需要設計並且貫徹，有人開玩笑說，全台灣最棒的 CIS 正是「檳榔攤」，因為不管是誰開的，我們只要一眼看到，馬上就能辨認出它是檳榔攤，即使沒有人規定它要長什麼樣子，遠遠地看到它，就知道是檳榔攤，不管它的燈怎麼擺設，叫什麼店名，但整體型態基本上是一樣的，就一個透明櫥窗，然後店員坐在那邊，整個 CIS 非常明顯！

CIS 的厲害不在於一致，才是所謂的成功，而在於說它不管放在哪裡，你都覺得它一致。舉例來說，其實每一家星巴克都不太一樣，可是當我們一走進去，就知道它是星巴克，星巴克的 CIS 是很強、是非常厲害的，不管在世界各地，它的 CIS 是非常明顯的。

藥局門口居然有排隊的人潮，等著要進入藥局內。

藥局、藥妝，
差別在於駐店藥師

在德國沒有所謂的藥妝店，它其實是藥妝超市或超商，概念比較類似於台灣的屈臣氏，除了藥妝產品外，也有賣一些食物，跟日本的藥妝店又不一樣。我們常常會去買一些保養品，感冒時會買藥草茶之類的，所以才會稱之為藥妝店，可是本質上和日本的藥妝店又不太相同。

台灣的消費者到德國去，喜歡買一些特定的東西，有些在藥妝店買得到，可是有一些限定在藥局才買得到，兩者提供的商品與服務也不太一樣。藥局因為有規定，店內都有專業執照的藥師駐店，藥師某種程度上也兼具業務員的角色，德國藥局通常都不會很大，是走社區型的路線。

在台灣的藥局，每間都長得不太一樣，民眾也無法確定藥師在不在，像屈臣氏、康是美現在有些店會有藥師執業，有些則沒有，所以它就跨在藥妝跟美妝當中，界線有點模糊，也不會有人跑到屈臣氏要求服務人員配藥。

屈臣氏是香港品牌，香港的定位就很清楚，它就是要把藥局跟藥妝放在一起，可是在台灣，其實越來越偏向於雜貨跟美妝，提供藥品的功能就越來越淡化；而康是美是本土品牌，它為了要跟屈臣氏抗衡，所以也聘用了一些藥師，只是也沒有發揮什麼功能，民眾還是買一些保養品、零食居多，經營方向是不太一樣，但反觀德國，藥局功能卻是十分清楚。

| 1 | 2 |

| 3 | 4 |

1. 藥局裡面會有一些提供消費者試飲的東西，照片中是高單位的維他命。

2. 結帳櫃檯服務的人都是有執照的藥師；此外，櫃檯右側也有販賣膠囊形狀的小物，提供消費者順便選購。

3. 左邊是正在服務客人的藥師，右側則是滿滿的等待人潮。

4. 另外一家藥局。

2-6

L'ERBOLARIO
美妝保養店
x
蕾莉歐的出口轉內銷

設在一間老房子裡面的蕾莉歐，走進
去發現所有標示都有中文，上頭寫著
「在台灣賣多少錢，在歐洲賣多少
錢」，更標示出前十大熱賣商品。
難道老闆是台灣人？

標有中文產品排行的
蕾莉歐

　　台灣的百貨公司當中，通常可以看到蕾莉歐的專櫃，是一個義大利的美妝保養品牌。

　　我在威尼斯看到一家蕾莉歐的店，因為在台灣也有專櫃，在法國看到歐舒丹也認得，因為台灣也有專櫃，但這些都不稀奇。只是我看到蕾莉歐的店，這家店很特別，就在一個老房子裡面，走進去才發現它所有的標示都有中文，上頭寫著「在台灣賣多少錢，在歐洲賣多少錢」，然後也有產品排行，標示出前十大熱賣商品，會令人懷疑是台灣人去開的，但其實不是，全部都是義大利當地人開的。

　　我就問：「為什麼有這個？」因為不知道從何時開始，有一個旅行團來到這家店，因為這個牌子在台灣有，所以大家就發現說原來它跟台灣的價差還蠻大，就開始買，一直買買買，買到後來，因為太多人問了，他們乾脆請台灣導遊把它翻譯成中文，所以那家店裡頭有非常多的中文標示。

　　後來就變成幾乎每一個旅行團去義大利，都會去那家店，這不是出口轉內銷嗎？這家店完全針對了它的最大宗消費者，就是台灣觀光客，它不僅是中文標籤，而且是繁體字。

　　我心裡想說奇怪，台灣的代理商知道這件事嗎？我還開玩笑想說，會不會台灣的代理商也有分一杯羹，他就台灣這邊做形象，然後大家去義大利的時候，都到那裡去買蕾莉歐的商品回來，只要民眾一看到 Logo 就會認得，因為在台灣的百貨公司都可以看得到。

◀古老的房子裡面，有台灣消費者非常熟悉的品牌：蕾莉歐。

出國轉內銷，
在法國的台灣面膜

講到出口轉內銷，還可以談到另一個例子，台灣最近很流行一款法國的 T.T 面膜，聽說就是台灣人做的。

通常在講這類商品的時候，一般會認為國外品牌較有吸引力，所以台灣就有很多企業到歐洲申請一個商標，然後再把它賣回台灣。很多的日本商品也採同樣模式，其實它並不一定是該國製造，但因為消費者心目中認定這個東西是哪一個國家的東西，還是很重要的關鍵。

所以台灣有很多東西，就是要從國外過一遍水回來，才會覺得比較夯！

其實很多東西都是因為在台灣特別被關注，所以才在當地也變得很夯的商品，百靈油就是這類產品，連德國人都說：「你們台灣人為什麼這麼喜歡買百靈油回去？」其實百靈油在德國是很家常的用品，而且也不是特別的東西，為什麼台灣人趨之若鶩，這令德國人百思不得其解。

如果談到這個國家的觀光客，到別的國家買東西這件事情，有些是被炒作起來的，有些則是因為風土民情而產生。曾經有一個朋友告訴我，他做柬埔寨旅遊團，可是柬埔寨沒有什麼東西好買，所以他就想說要不要找一些東西，能夠從那邊賣回台灣，所以他在設計一些商品，想要從這裡運到那裡去，然後再從那裡賣回來。

因為人們出國總是想買些伴手禮，到底要買什麼這件事情，就會變得極其重要，它也是一個市場，就看你如何操作囉！

1	2
3	4

1. 蕾莉歐的招牌。

2. 不用懷疑，上面人氣商品的字樣都是繁體中文。

3. 非常清楚看到店家用臉書行銷的作法。

4. 現場陳列了很多商品，展現了蕾利歐這個品牌的豐富與精彩。

2-7

Swarovski

施華洛世奇旗艦店
x
宣示插旗，展現品牌企圖心

所謂的「商場如戰場」，品牌的旗艦
店有一個很重要的功能就是「宣示」。
施華洛世奇旗艦店展現出三大特點，
除了確立品牌，更創造了無數業
績……

三大面向，
構成施華洛世奇的經營模式

施華洛世奇是來自奧地利的品牌，大家對它一定不陌生，不管在機場、百貨公司都可以看到它的商品，大部分的人對它的印象，就是它有各式各樣的飾品。

其實施華洛世奇總共有三大部門，除了大家熟知的飾品，第一是原料供應，它自己做原料、賣原料給給很多製造商，例如說服裝、手機殼廠商等；第二是飾品；第三則是做教學跟手工。它會培養飾品設計師，這些設計師透過他的商品，教其他的飾品設計師怎麼運用它的東西，所以其他的設計師就會來跟施華洛世奇買原料，這三大面向構成了施華洛世奇的經營模式。

施華洛世奇在奧地利有一個水晶博物館，它位於比較郊區就暫且不談，這裡主要聊聊市區的旗艦店。這個旗艦店把施華洛世奇的三大特點充分呈現，除了有各種不同的飾品，包括賣出去給別人的東西，也拿回來在旗艦店銷售，所以店內會販賣手機殼，甚至有一些飾品、別家品牌的裁剪禮服，都是之前供應原料給別人，設計成商品之後，再放到這個旗艦店來販賣或展示。

奧地利的施華洛世奇旗艦店，雖然顧客很多，但是大多為華人面孔。不能免俗的，一定有中文標示。

◀旗艦店很寬敞，可以把所有商品做很完整的陳列，主要客群是團體遊客。

這些都是設計師的設計作品，加上銷售原料給其他公司所做出來的東西，有些還得特地到該品牌店家才可以買得到，但是都會在這間旗艦店展示出來。

因為旗艦店很大很漂亮，近年來大陸團體在這裡創造了驚人的業績，在店內看到的都是簡體字的引導，結帳的櫃檯也會有中文引導員去做服務。

在施華洛世奇旗艦店，還可以看到它自己做的是一種類型，把原料賣給別人，呈現出的卻是另種風格，都可以在這裡看見，包括它被做成文具，裡面鑲有珠子等等，也會看到一個個小盒子，裡面都是碎水晶，客人可以買回去自己做拼貼，因此整個展示可說非常豐富多元。

這間旗艦店的獨特性在於它除了豐富跟廣度，也因為大陸客很多，大約佔了 90%，所以有很多很清楚的中文引導。

施華洛世奇的水晶原料在這裡也可以買得到，一盒一盒零散的，在其他地方很少見。

既然是旗艦店，免不了要做各種水晶藝術品的展示，這裡是施華洛世奇與迪士尼聯名製作的各種卡通造型的裝飾品。

| 1 | 2 |
| 3 | 4 |

1. 雖然外觀是一間典雅的老房子，但是內部裝修卻是非常時尚。

2. 施華洛世奇旗艦店的穿堂，在右側大面積使用了自家品牌的水晶商品。

3. 施華洛世奇算是中等價位的珠寶飾品，可是在旗艦店裡頭也可以看到一些高價位商品。

4. 這一區銷售產品主要是筆。

成為旗艦店的
必備條件

這裡談談關於一家旗艦店，需要有幾個重要條件：

一、商品深度與廣度最齊全：別的店家沒有的商品，旗艦店一定要有。

二、旗艦店規模一定要大：希望把所有的自家商品都放進去。

三、座落地點一定有意義：品牌的旗艦店通常都會在重點城市，且消費者分布最多的地方。

如果以台灣來講，高雄會是比較特別的選址地點，因為高雄是第二大城市，不然大多是集中在台北，毋庸置疑是因為台北的消費能力是最強的，品牌通常會選擇在它的消費族群最多的地方，開設旗艦店。

如果以全中國大陸來看，只能有一家旗艦店，可能不是北京就是上海；如果有三家旗艦店，大概就是北京、上海、廣州，不太可能說旗艦店開在西安，然後上海沒有，這就有點奇怪了。

一疊一疊的退稅單，充分證明了這家旗艦店是專門為遊客服務。

這是施華洛世奇的其中一類商品。

四、旗艦店必然有所不同：它既然是旗艦店，就要呈現品牌精神，講述品牌故事，包括歷史沿革與未來展望，不單只是商品比較多、空間比較大而已，它必須將品牌形象做一個最完整的呈現，把品牌各種不同的面向都呈現給消費者。

五、旗艦店作為實驗的角色：推出來的新產品或是實驗性質的商品，僅限於旗艦店限量供應，在別處都買不到，可能是試驗或campaign，都會在旗艦店出現。

所謂的「商場如戰場」，品牌的旗艦店有一個很重要的功能就是「宣示」，品牌藉由旗艦店的開設，告訴消費者品牌的企圖心：「我要在這個城市做一些事情！」

當某些競爭品牌的旗艦店成立，就會產生抗衡，假設賓士開了一家旗艦店，BMW 很可能在對面也要開一家，即所謂的「插旗效應」，含有「宣示」意味。因此對於消費者、競爭同業，旗艦店就是告訴別人說：「I want to do something.」才會有旗艦店的誕生。另外，旗艦店在視覺上呈現的效果，也經常帶給人一種震撼的感受！

施華洛世奇的水晶原料也是服裝界非常喜歡使用的素材，所以在此也可以看見服裝的呈現。

2-8

TortissimoBackzubehör
專業烘焙店
x
美感爆棚的換季陳設

德國烘焙店沒有賣食材,純粹只賣工具,卻使整間店呈現出美感!
店內陳列的主題桌會跟著換季,甚至是換檔期,包材不只美麗,還具功能性。

翻轉功能導向的
材料店

在台灣講到烘焙材料店，就會想到一大堆的麵粉與食材，深得婆婆媽媽或小資女的青睞，可能在中秋節想要烤烤月餅，平常做做小餅乾，就會跑到一個很擁擠的烘焙行，店裡就會有賣麵粉、材料包、模具、容器等等，就像一個小型超市一般，但是店內陳設通常是沒有美感的。

換句話說，我們是動心起念，想要去買東西，但是陳列與銷售本身並不具美感，屬於功能導向的材料店，所以在門口堆了一堆蛋，標示出今日的蛋價，接近中秋節可能賣一些月餅盒子，有些搭配開設烘焙教室，可能每週固定幾天會開班授課，大概就是這樣子的形式。

然後可以在店內冰櫃中看到一包黑黑的豆沙，或者是賣火腿、奶油、各類的配料等等。

但德國的烘焙店沒有賣食材，純粹只賣工具，食材在一般超市就可以買得到，使得這樣一間材料店，第一能呈現出美感，門口還有一個粉紅色的自行車，色彩繽紛的櫥窗。雖然印象中的德國是一個非常理性的國家，可是它的烘焙店卻是如此浪漫，表示說他們其實很重視美感體驗，不會因為我是一個理性的國度，所以就把蘋果派烤好了以後，就放在桌子，你們就隨意吃吧！一樣會有盤子、刀叉、擺盤，整個美美地呈現出來，這跟想像中的德國不太一樣！

◀烘焙專門店在門口陳列了完整的目錄，消費者可以利用郵購方式進行購買。

因應主題換季的
擺飾和器具

　　每季主題也會和嗜好與文化相關聯，例如說現在是復活節，門口就可以看到賣很多兔子形狀相關的模具，或者是包裝盒上印有復活節字樣，因此在家裡烤好餅乾以後，就可以放在一個印有復活節兔子圖樣的盒子裡面，帶去送給朋友或是野餐的時候用。

　　因此，陳列的主題桌，不是只考量把熱賣商品擺放前面，然後經年不變，主題桌的意思就是會跟著換季，甚至是換檔期，可能 10天、20 天就更換一次主題，包材配合當季節慶做變化。

　　店家的右邊可以看到一個非常大面積的模型牆，模型牆大到像我們賣耳環一樣，整面牆都是模型掛在那裡，換句話說要烤各式各樣的餅乾，車子、花朵、月亮、星星、太陽應有盡有，整片牆都是賣各種各樣的模型，供客人選擇。

　　這可是在台灣較少見的，原因可能在於第一，台灣的烘焙店比較不具美感，第二，大家可能捨不得買那麼多材料，所以很多人買了幾個模型之後，就一直重複使用，絕對不會像一個女孩子逛一家首飾店一樣，這個看一看好特別，就再買兩個回去。我們對於烘焙用具可能沒有這樣子的習慣，但德國的烘焙店是整面牆在賣烘焙用的模型，正因為市場夠大。

　　此外，這裡也販賣食譜，有一整個櫃子專門賣各種各樣的食譜，教我們如何烘焙等等，這個在台灣的烘焙材料店裡面也比較少見，我們常常就是拿一張紙，比如說想做蛋黃酥，店家就給你一張製作說明，但是食譜本身有它的功能性，除了比較有系統以外，它還會有一些教學指引，告訴我們到底要買哪一些材料，每一個材料有什麼不一樣，這個店裡面呈現的食譜就有各式各樣的，厚的、薄的、大的、小的，選擇很多樣化。

除了模具，還有裝烘焙點心用的盒子、緞帶、提袋等周邊商品。

整體烘焙店呈現出春天的氛圍，連門口擺設的腳踏車都與店招相互輝映。

送禮，
善用包裝來對話

　　另外再講到包材這個部分，除了提到美感之外，發現歐美人士，包括日本，常常有時候是包裝很漂亮，可是裡面的東西不怎麼樣，可能禮輕情意重，假設要用 homemade 自己手作的東西，或許不是很值錢，但是代表心意，所以會用包裝來跟送禮的對方做一個對話。

　　跟台灣人的習慣不太相同，當然現在年輕人可能比較願意花一點的錢、花多一點的心意在包裝上面，但是相對於日本、歐美，還是差很遠。這裡不是教大家不環保，東西要過度包裝，並不是這個意思，而是說有一些包裝的材料除了有它的功能性，可使 homemade 的東西方便保存與易於攜帶，更提高送禮的意願，否則自己烤了幾塊餅乾，想送禮又沒有好的包材，拿到朋友家可能都碎了，它會讓人在「跟他人分享」這件事情變得不樂意。

　　很多子女在念國際學校的家長們，他們都會輪流做點心，不管是小孩子過生日或者是有什麼節慶，他們會花心思在家裡做一些蛋糕或小餅乾，然後用比較適當的包材，帶到現場分送給班上小朋友或是老師吃。

　　所以包材本身除了美觀，還具有很多功能性，可能要避免潮濕，或是需要長途攜帶，甚至是送禮；或是今天烤了一個蛋糕，需要高一點的盒子，或烤了一個派要扁一點的盒子，或是烤了一些餅乾需要什麼樣的陳列，符合實用導向的需求。包材本身不是只有美麗而已，仔細去看會發現它有不同的意義，也展現了德國人理性的一面。

| 1 | 2 |
| 3 | 4 |

1.2. 烘焙店銷售的商品都是以模型、模具為主。

3. 漂亮模具甚至可以拿來作為擺飾，這是專門為孩童而準備。

4. 模具的種類猶如耳環飾品一樣，多到可以掛在牆上。

模型豐富的程度遠超乎想像，另
外也有販賣食譜。

烘焙材料店的經營策略，
療癒人心的浪漫心意

回來講烘焙食物本身，除了代表了自己製作的心意，相對而言，它也是種浪漫的產物，意思是說它並非主食，不是維持生命所必須，在生活來講叫做 plus，屬於「多出來的東西」，既然它本身就是多出來的，不管是甜食、下午茶點心、早餐都好，把自己的心意和希望呈現的浪漫氣氛放進去，這個東西看起來就會更好吃，也才更具有療癒效果。

因此，如果好不容易烤了一個很漂亮的蛋糕，但是拿一個醜醜的塑膠袋隨手一裝，可能心意也會打折扣了。

所以，藉由這樣一家店，就可以看到他們把這件事情從頭到尾都想清楚了，呈現出來到最後要使用的時候，也帶有浪漫的心意，這正是烘焙材料店的經營策略，所以整間店的氛圍看起來好美，讓人覺得好想收到這樣的禮物，或者是好想做一個東西分享給朋友，就會出現這種心態和想法，而不只是買一個盒子或模型回家而已。

談到情境行銷，如果這間店只是一個 function，只有一個功能，進去之後就只做這一件事情，做完就出來，它可能沒有辦法在情境的部分吸引客人花更多的心思，就像是五感體驗，包括從眼睛到耳朵、鼻子、視覺、聽覺、嗅覺、味道、觸感都包含在內。因此在烘焙店裡面把這個元素放進來，就是要告訴客人它是一個整體的感受，讓人置身在這種情境之中，而不是單純只是買一樣東西而已！

這家店主要針對的客群是業餘人士，適合在家裡 DIY，如果是專門的麵包師傅會有另外的職人專門店。同時在店內還會擺設一大本當季目錄，換句話說，它們也有做電商，但是因為沒有賣食材的關係，比較少見有搭配烘焙課程的開設。

2-9

Ricami Veronica
手作縫紉店
x
販賣我屬感的量身打造

我們喜歡在 T 恤印一些喜歡的圖樣、
文字，或是手環上頭刻有自己的英文
名字。量身訂做這件事情，歷久不衰，
在各種的行為上，只要允許的，大家
都喜歡「我屬感」，這就是我自己的！

繡上名字
更具我屬感

威尼斯附近有一個小島，它以蕾絲加工為著稱，這個島本身就有些類似的工廠，後來這個島的手作就成為它的特色。

我發現這裡有很多轉成手作店，換句話說，在布藝品上可以繡上名字或是要傳達的文字，包括祝賀、婚禮、生日、上帝的祝福等，就是繡上一些特殊圖案，或帶有意義的文字。看到這樣東西的時候，覺得雖然它是傳統，可是正好跟現在 Tailor-made 量身訂做的概念是互相密合。

比如說，我們喜歡在 T 恤印一些喜歡的圖樣、文字，或是今天做一個手環，上頭刻有自己的英文名字，或在手機殼印上我和愛人的名字之類的，其實量身訂做這件事情，歷久不衰，在各種的行為上，只要允許的，大家都喜歡「我屬感」，這就是我自己的！這種「我屬感」，消費者永遠都喜歡，只是會花很多的成本。

例如看到很漂亮的杯子，可不可以在杯子上印上自己的名字？可能有點難度，所以有些東西就會特別做一種可以加上名字的東西，變成一個獨特性，這間手作店就是這樣的存在。

所以，在布藝本身，不管是蕾絲邊的布藝，或者是車一個桌布等等，儘管在歐洲是很傳統的東西，可是加上了 Tailor-made 以後，整個量身訂做的感覺就出來了，它變得時尚、有趣，或者是說可以買回來做個紀念。

◀這種手工刺繡的縫紉店在德南、奧地利、義大利都很常見，店家會直接在一般的布藝品上，繡上顧客指定的字樣。

有趣的事，
縫紉也能跨性別

威尼斯的小島上有很多家手作店，但是我為什麼特別介紹這一家？

因為我突然發現這是男生開的，操作縫紉機的，以及在和消費者對話的人，居然是男生，當然店內也有其他的女性員工，他是不是老闆，我並不知道，但是覺得這裡跨性別的感覺很挺有趣，不是說到蕾絲就只有女生喜歡，我覺得這個男生在跟消費者溝通時，也展現出專業度。

門口的消費者可能下單一雙拖鞋，或者是想做一個圍裙、家裡的桌布，因此可以看到那名男生開始操作機器。當縫紉本身也跨了性別以後，除了有趣之外，反而更加吸引人！

歐洲人本來就對居家布置就很在意，布藝品要隨著季節更換，其實在居家布置裡面，如果是布藝品隨季節更換，反而是最簡單的做法，例如今天自己住的一間房子，想要改變它的氣氛，最簡單的方式就是換布藝品，窗簾、床單、桌布，因為這三個東西是面積最大，而且它又是可以隨顏色不同。

假設今天買了一個擺飾品很漂亮，它是水晶或是玻璃製，把它放在桌上，但是會發現因為它很小，其他的地方都沒什麼改變，可是一旦換了桌布，進門一眼就看到了，或者是在沙發上的靠墊，所以用布藝品來改變家裡的裝飾，是最簡單的方法，也最為快速。

生活品味，
從布置換季開始

但是就算最快速、最簡單，對台灣人來講，還是很難，我們常常一個窗簾掛在那裡，可能好幾年都不會拆下來洗，頂多是換洗床單，大家會相對於季節而做一點點的變換，例如覺得淺色一點、薄一點的床單，適合夏天用；冬天總是要用厚重一點的，可是有時候，也常常在冬天看到人家放了一個草綠色的床單，也照樣在睡！

所以如果講到生活品味跟生活情趣，台灣人距離歐美人的境界，其實還是相當遙遠，遠的不講，回頭講近的，就談到布藝店的本身，我們可以看到這些東西其實都是消耗品，可能覺得它做得太美了，所以捨不得用，如果捨不得用的話，一直掛在那裡，它就只是一個擺設而已，因此可以看到這些繡上去的東西，都是很實用的東西。

　　舉例來講，他繡拖鞋，難道我們能把拖鞋供著嗎？拖鞋其實就是要穿，穿了以後就會壞，壞了以後就會再訂做。換句話說，它是消耗品，桌布也是一樣，尤其這些蕾絲勾花的桌布，洗久了會泛黃、脫紗等等，它也是一個消耗品。

　　因此，就會發現這樣的店，其實可以讓人家重複購買，或者是持續使用的，而不只是買了以後，就把它裱個框掛在牆壁上，不是要讓我們這樣使用。

消費者可以直接下單，與店家約定好取貨時間。

刺繡的範圍不僅限於布藝，連在拖鞋、包包、帽子上都很常見。

從櫥窗的陳列看到刺繡可以放在各類用具上，不管是繡上名字自用或當作禮物送人，都相當適合。

保留傳統文化，
找回純樸感受

　　正因為它是蕾絲，而且上頭有手繡，所以這些東西的色彩非常柔和，大部分都是棉布原來的顏色，米、白、灰色，而沒有特別染色，大部分都是棉製品的顏色。這種半成品加縫紉的手作，就變成量身訂做，是挺有趣的一種業態，從我們的角度來看，它就是一種鄉村風、比較純樸的那種感覺，可能在歐洲的家裡面使用起來，就覺得比較不突兀。如果放到台灣的場景來看的話，可能真的較難和現代的東西融合，但是在某一些特定的地方使用，我覺得還是挺不錯。

　　因為縫紉的風氣蠻盛行，這種店家在歐洲蠻普遍，只是這種店會幫顧客直接刺繡，無法立即可取，而需要一點作業時間，可能隔天或是排日期再取件。

　　歐洲其實蠻重視傳統，除了蕾絲以外，傳統服飾店很多，尤其是德國南部。具體來講，就像電影《真善美》一樣，穿上身緊身的裙子，然後底下一個蓬蓬裙的那種傳統服飾，類似馬甲的概念。在特殊節日的時候，他們都會穿出來，也有這種專門的訂做服店家，就像日本和服或是中國旗袍一樣，保留了傳統的文化，這也是手作的一種吧！

由一位男店員服務一位年輕媽媽，看起來這位媽媽是要買圍裙，以及小孩子的圍兜兜。

好多地方好多點的
連鎖店

為什麼它們這麼夯？

3-1

ROSSMANN
德國藥妝超市
x
坐著結帳更貼心

經過我的仔細觀察,「坐著結帳」不
僅沒有不方便,反而更加人性化,在
觸手可及的範圍內,都能坐在辦公桌
前面把事情做好做滿。

連鎖超市不賣生鮮，
卻坐著結帳？

　　ROSSMANN 是德國非常大的一家沒有生鮮商品的連鎖超市，何謂「沒有生鮮」的連鎖超市？主要是銷售物品與屈臣氏雷同，但是整個店內的配置就像一家超市，亦即營業空間相當大。

　　以台灣來講，通常大概要 100 坪以上 (經濟部的統計資料是平均 220 坪) 的空間才叫做超市，但 ROSSMANN 的賣場空間差不多像台灣生鮮超市的規模，卻是不賣生鮮產品的連鎖商店。

　　ROSSMANN 的招牌是非常明顯的紅色，整個色調非常活潑，當顧客走進 ROSSMANN 會發現收銀台很奇怪，收銀員是坐著的。一般進入一家超市的時候，看到的收銀員都是站在收銀台旁邊，等著幫客人結帳，可是 ROSSMANN 的收銀台卻像收銀員的一張辦公桌，他是坐著替客人結帳。這種坐著結帳的模式其實不只在 ROSSMANN，德國很多超市都是如此，特別把 ROSSMANN 拿出來談的原因，是因為它這個部分落實得相當徹底。

　　這種「坐著結帳」的服務模式，和客人互動會不方便嗎？

　　經過我的仔細觀察，不僅沒有不方便，反而更加人性化，就像一般營業人員常見的職業病，收銀員長久站立會有靜脈曲張、小腿很不舒服等職業傷害，一旦把收銀台變成一個辦公桌的話，第一位置變大了，第二當碰到需要處理的事情，還是可以透過麥克風等內部系統，通知督導立刻出現，所以不管是價格不清、換貨、促銷、拿錯商品等，仍舊可以快速解決客人的問題。

　　對於收銀員本身來講，在這樣一個辦公桌式的工作環境當中，獲得了人性的尊重，不管是一卷膠帶或一個釘書針，或是要刷卡、計算零錢等，在觸手可及的範圍內，都能坐在辦公桌前面把事情做好做滿。

◀ROSSMANN紅色招牌在德國隨處可見。

照片中可以清楚看見這種結帳模式，實際上也發現不管是對於營業人員的身體健康，以及消費者的觀感來講，都是正面的回饋，而且坐著並不會產生視覺交替的相錯問題。

什麼叫做「視覺交替的相錯」？假設服務我們的收銀員坐著，我們站著，感覺我們的視線會比收銀員高出許多，但 ROSSMANN 把結帳櫃檯墊高，因此對於客人來講，雖然不是完全平視，但基本上的視覺交換並沒有問題。因此，對於 ROSSMANN 整體設計來講，算是一個貼心又特別的設計。

1.2. 收銀員坐著結帳，台前有一支麥克風，可協助快速找到幫手。
3. 消費者跟收銀員沒有視覺交錯問題。
4. 收銀檯面整齊乾淨。

星期一上班日，
竟湧現來客潮

除了「坐著結帳」之外，再來看看 ROSSMANN 其他獨特之處。

一個平日上午，走進德國的三線小城 Chemnitz，令我感到好奇的是，為何一個普通的上班日，像這樣子的一間超市怎麼可能會有這麼多消費者？經過仔細觀察，發現這家店可能禮拜天沒有營業，因此禮拜一成了消費者前來的熱門時段。

ROSSMANN 雖然說是藥妝店，但是看到推車就曉得它的型態其實是超市。

台灣的零售業裡面，一整週當中，最淡的日子是禮拜三，所以一般的促銷活動都是從禮拜四開始，等於說每個禮拜都是從禮拜四開始，然後禮拜五、禮拜六、禮拜天到達高潮以後，禮拜一、禮拜二可能會有一些補休假的客人出來消費，然後真正最冷清的日子落在禮拜三，然後再重新循環。

可是德國零售業在禮拜天完全不營業，因此禮拜一的一大早，竟變成一個高峰期，這是一個比較奇特的狀況。仔細留意下，大家也不過買一些牙膏、洗面霜、餐巾紙這種日用品，但是它商品的豐富度、深度、廣度，其實是相當完整。

換言之，當我們只是要買一些日用品，在 ROSSMANN 超市有非常多的選擇，而不是只有單一個牌子，只能買單一類的東西，所以「遊逛」在 ROSSMANN 裡面是很重要的樂趣與概念，消費者可以稱它為藥妝超市，或藥妝連鎖店，或是沒有生鮮的超市，卻很難用一個明確的概念介紹它。

因為目前台灣沒有類似型態的店型，就算連屈臣氏也沒辦法稱之為超市，因為超市普遍的型態是客人可以推著推車在賣場裡遊逛，也比較符合想像中的樣貌。

除了這些日用品以外，可以看到店內也有照片沖印服務，德國消費者會把儲存在硬碟或記憶卡中的照片，拿到 ROSSMANN 去做照片沖洗、加框、加底圖，連同相框都可以一併在此處購買。此外，也設有開架化妝品、美妝區。

ROSSMANN 還有暢銷書排行榜，換言之，裡面也有賣書。在台灣的一般超商也會看到書，但大多偏向流行性或短篇漫畫、小說、勵志小品等，但是 ROSSMANN 會販賣暢銷排行榜作品，種類包含了文學、商業、哲學等，像一座小型誠品專櫃一般。

再者，ROSSMANN 店外促銷也相當豐富，可以看到店內排了一整排促銷品，讓客人覺得在這裡也可以買到很便宜商品，並不會覺得高不可攀。遇到雨天的話，促銷品的上方還有透明的塑膠布做成雨遮，整體配套和管理非常完整，我想 ROSSMANN 能夠在德國獲得成功，不是沒有原因的！

連鎖店構成要素：
談商業模式的複製

連鎖店其實就是一種商業模式的複製，意思是說它在這個店跟那個店，兩者一定有非常多的相同之處，不是只有招牌一樣而已，當然連鎖店有非常多種分類，有加盟店、直營店、特許加盟等，不同分類區分下來，則有非常多樣化的態樣。

回過頭來看，以德國連鎖業來講，我發現它有一些比較獨特的地方，台灣在零售業領域中已經像一個聯合國了，有來自世界各地的連鎖企業，尤其是美國、日本，例如 7-ELEVEN 來自日本，可是它最原始是從美國起家，在日本發揚光大，然後引進台灣。

1	2
3	4

1. 品牌眾多的牙膏類商品，還細分各種不同用途。
2. 暢銷排行榜書籍。
3. 照片沖洗服務區。
4. 特價花車備有透明雨罩，可防大雨。

但是我認為德國是根據自身獨特的文化與國情，以及本身消費習慣，而產生了一些特有的連鎖店模式，所以在這個篇章裡特別介紹德國不同的連鎖店，除了德國，還包括義大利、丹麥的品牌，整體都是歐洲企業，而這些連鎖店基本上都還未到亞洲拓點展店。

　　既然提到了商業模式的複製，就必須要有一個放諸四海皆準的管理模式，而這個管理模式又必須因地制宜。具體來講，以我過去在「生活工場」為例，基隆的消費者跟東港的消費者有沒有差別？應該有差異吧！但是就整體來講，可能90%也都差不多，畢竟台灣是個小島，所以到底哪些東西要一致、哪些東西要因地制宜，其實就是每一間連鎖加盟店的挑戰。

　　例如前述提到的7-ELEVEN，7-ELEVEN在台灣將近五千家，這五千家一看就知道是7-ELEVEN，可是細分來看，或許每一家都不一樣，但顧客又覺得每一家都很像，這個「像」跟「不像」，「一樣」與「不一樣」就考驗管理者的能力。

　　再舉一個特殊的例子如星巴克，會發現星巴克可能有不同的風格，有的走工業風、有的走居家風、有的會跟現場情境融合，有的又設計得非常時尚，但顧客就覺得它就是星巴克。

　　厲害之處在於管理上，它抓住了整體的視覺效果，雖然在不同地方會呈現不同美感，可是整體的色彩或規劃，還是讓人一眼就認出是星巴克，我想這就是連鎖店在視覺規劃的時候，一個非常大的關鍵，並非規定招牌多大、多小，門要開在哪一邊才叫做管理，而必須要從「精神」去管理整個連鎖店的一致性，才能讓連鎖店放在不同地方，也能保有不同地方的特點。

　　剛剛提到星巴克是比較高境界的做法，當然這個境界高低沒有所謂貶損的意思。這裡再舉一個淺顯的例子，例如台灣有很多加盟早餐店，卻規定招牌一定要橫的、長成某種特殊形式，因此可以發現不管在大鄉或小鎮，招牌都一樣，可是請問有令人感覺一致嗎？事實上並沒有。

　　除了招牌一樣，它的管理或是口味，以及店內結帳的動線、結帳的方式、甚至店家應對客人的方式、菜單等都不太一樣，從管理

上或是連鎖業來講，它是屬於加盟式的管理，所以連鎖結構比較鬆散，它只在 Logo、招牌或原料供應商是一致性，卻沒有做到最末端店家跟消費者的連結，反而令人覺得不一致。

因此，連鎖店的「一致」跟「不一致」，其實取決於直營、加盟、特許等方式，而有一些不同的差異。

通常加盟店比較可能會發生不一致的狀況，因為加盟主的管理是一項挑戰，但是也有加盟店管理做得很好的企業，像 7-ELEVEN 就很難區分加盟店跟直營店，除非仔細看，例如說住家附近的 7-ELEVEN 老闆跟客人很熟捻，他會告訴你說：「這是我的加盟店！」或是這個老闆很奇怪，有時候早上出現、有時候晚上出現，因為今天工讀生沒有來，老闆只好自己跳下去補班，所以顧客才可能發現說：「這家應該是加盟店！」

可是一般來講，不太分得出來 7-ELEVEN 的加盟店與直營店，就表示他們對加盟主的管理較為嚴格，把你當成員工一樣來管理，期待大家一起共榮，屬於比較緊密關係的加盟管理模式。

另外還有一種所謂的特許店，是更為鬆散的管理方式，可能只給你一個 Logo 或是看板，就由你自行發揮，在加盟或連鎖的條約與管理方式，相對較為鬆散。

各品牌的開架化妝品，提供消費者選購。

3-2

ALDI
德國廉價超市
x
滿足 90% 顧客的需求

ALDI 經常開在二等地,在熱鬧的核心地區找不到它的蹤跡,可能在轉了兩個彎,走到三條街外的邊緣地帶才發現 ALDI,它用一個相對便宜的店租成功展店。

奧樂齊，
成功的二等地策略

ALDI 是一家德國廉價超市，走非常平價、便宜的路線，有趣的是老闆卻是德國首富，卻堅持這樣一個廉價模式，並且成功經營了 50 幾年，最近還打算進軍中國大陸。

ALDI 有很多譯名，2017 年 3 月確定以「奧樂齊」作為正式的中文名稱，但是據瞭解，它並不敢立刻在中國大陸開實體店面，所以先以網路商店試水溫。

ALDI 經常開在二等地，所謂的二等地就是不在熱鬧的核心地區，也許在德國某城市的核心商業區、住宅區，會看到哪幾家大型超市，就是沒有 ALDI。不過，當我們攤開地圖仔細查找，可能轉了兩個彎，走到三條街外的邊緣地帶才發現 ALDI，用一個相對便宜的店租成功展店。

這種二等地策略也可在台灣看到實例，就是摩斯漢堡，不管台灣或日本都是一樣的展店策略。雖然麥當勞打遍天下無敵手，但是數量方面，在中國大陸輸給肯德基，在日本輸給摩斯漢堡，摩斯漢堡就是靠著二等地策略打敗麥當勞。換句話說，麥當勞的策略就是一等地，或是它自己創造一個一等地，去哪展店，就把當地繁榮起來。

收銀員也是坐著結帳。

◀超市招牌非常簡潔，一點都不張揚。

在一個已經成熟的商圈裡面，麥當勞通常位在一個非常明顯的地方，例如火車站一出來，往右手邊就有一個顯眼的看板，但是摩斯漢堡在哪裡呢？它可能在巷子裡，或是兩條街以外的巷口才會看見一家。摩斯漢堡一直用這樣的策略經營，從摩斯引進台灣的第一家店開到第九家，我都擔任摩斯的公關顧問，所以對於它在台灣的展店過程，印象相當深刻。

再回頭來講德國的 ALDI 超市，也許不叫二等地策略，因為並沒有一本專書介紹它的選地策略，可是在我走遍了德國這麼多城市，看到 ALDI 通常都不在一級戰區，而是隔了三條街之外突然看到，因此我認為它的選址方式其實和摩斯漢堡雷同，採用了二等地的策略。

消費者會不會逐低價而來？答案是肯定的，如果只是隔了兩條街，同樣一個起司就可以便宜 20%，對於消費者來講，他可能願意多走這一段路，更何況 ALDI 超市在德國已是根深蒂固的便宜、平價。

超市外觀沒有過多修飾與宣傳，非常簡潔明亮。

始終如一的
平價策略

　　提到 ALDI 這樣一家平價超市，就想到台灣的全聯超市，已經已是全台灣最大的連鎖超市，早年覺得全聯是一家非常平價的超市，但是後來持續轉型以後，發現有點不太一樣了，但是回過頭來，ALDI 就堅持平價策略，可說 50 多年來始終如一。

　　從 ALDI 的店內來仔細分析平價模式，第一，可以看到採用最簡單的店招，所以外觀非常樸實無華，Logo 也不大，櫥窗上也沒有什麼太華麗的裝飾，甚至於沒有燈光，只用最簡單的店招、裝修、便宜貨架，意思就是可以用就好了。

　　然而，這個「便宜」貨架不代表爛或是差，德國人做事非常嚴謹，所以並不允許在這樣的連鎖超市裡有一個生鏽或歪斜的貨架，這個「便宜」絕對不是指不好，而是說貨架本身單調、色彩單一、變化少，缺少花俏的設計。

超市入口處。

割箱陳列，
節省人事成本

走進店內看見的商品，大多直接把運來的箱子割箱陳列，亦即直接放著。講到割箱陳列，稍微回溯一下，商品從工廠裡面出來的時候，以礦泉水為例，出生產線的時候就是一瓶一瓶，從生產線到最後進箱子的時候，要裝多少，則是一個大挑戰，裝得越多，箱子的費用越低，可是水很重，裝個一百二十瓶可能就搬不動了，所以當然不可能太大箱；如果越小越好，十二瓶好了，如果每十二瓶就要裝一箱，是不是很浪費錢？所以在零售管理裡面，區分為大包裝、中包裝跟小包裝，依類別採用不同模式。

今天能夠進到店內的箱子，通常都是中包裝，被裝在運送中更大箱的包裝裡面，於是進到每家店，可能分給這家店五箱、那間店兩箱、這間店三箱，到最末端的時候，就會把箱子打開，然後一瓶一瓶的礦泉水被擺放上架子。超市、超商大概都是以上的流程，從事這項工作的人稱為理貨員，這個理貨員必須隨時保持超市或超商的牌面漂亮，有空缺時，就要把裡面的商品拉出來，然後補貨進去。

當然不可能一次把箱子裡面的東西全部擺滿，所以箱子中就會有餘數。舉個例來講，礦泉水的排面賣掉了七瓶，所以就開一個新的箱子把七瓶補上去，然後剩下的五瓶和箱子一起放回了倉庫，是不是就很佔地方？所以每一家店的後方都需要有一個倉庫，用來擺這種拆箱到一半的商品。

但是 ALDI 的做法是直接把箱子放到貨架上，用美工刀在紙箱上割出一道開口，讓商品面可以露出來，讓顧客自己拿取，基本上就是減少倉儲，所以叫做「割箱陳列」，因而降低非常多的人事僱用。

但是這樣的陳列方式對於消費者來講，必須被接受和習慣，貨價上就擺著一個紙箱，這些不被刻意整齊擺放的物品，不同於一般促銷的大量陳列，難免看起來不是那麼美觀。

1	2
3	4

1. 割箱陳列的方式，適用於各類商品。

2.3. 製造商會配合需求，把割箱的陳列面做得比較漂亮而便利，就連酒類商品都如此。

4. 沒有合適箱子，就用簡單網籃式的貨架取代。

但歷史悠久的 ALDI 有非常多的供應商，願意直接製造方便割箱陳列的箱子，亦即從上游到下游已經做了一個完美的整合。例如洗面乳、沐浴乳等美妝商品都可以採割箱陳列，冷凍櫃也可以看到火腿、乳酪通通都是當初運來的箱子，直接擺放上去。如果沒有辦法用紙箱陳列，就用一個籃子，把東西全部丟到籃子裡面，任由消費者從籃子裡面拿取。

1	2

3	4	5

1.2.3. 火腿及煙燻鮭魚、起司、美妝和盥洗用品，都可以使用割箱陳列。

4. 生鮮食品也採開放式陳列。

5. 用現烤麵包的香味吸引消費者。

滿足 90%
基本需求的消費

這種陳列方式可以節省理貨員的人事支出，再者也節省了大量人力，所以可以維持商品的平價策略。

再者，ALDI 還有一項獨特性，當我們談到商品的深度跟廣度，會希望買牙膏的時候，有 20 個品項供人挑選，不要只有 3 個，可是ALDI 不追求多，它會挑出消費者使用率的前五名，其他就沒有了。

因此，絕大多數 90% 的人在這裡，都可以滿足基本需求的消費，這樣就夠了，屬於大量銷售的模式，若要購買獨特商品，可能在 ALDI 找不到，但是要買一般品牌、一般品項，在這裡絕對可以找到最便宜的價格。

ALDI 很聰明而厲害的策略確實奏效，買比較獨特的商品畢竟是少數消費者，而且這些消費者如果去了別家超市，它也覺得沒關係，正因它只著眼在絕大多數的大眾，簡單的說就是 80、20 法則，緊抓這 80% 消費者喜好的銷售方式。

當 ALDI 節省了大量人力以後，我發現 ALDI 經常在店內銷售現烤麵包，儘管一邊降低所有費用，卻願意在店內提供現烤麵包，使得整家店感覺生意盎然。原因在於麵包是歐洲人的主食，所以它願意花人力、花錢在現烤麵包上，營造氛圍，平衡消費者來店裡購買便宜貨的負面情緒，使人感覺在此購物的重點不在於便宜，而是便利與實惠，可說是相當細緻而全面的作法。

也許德國人的消費習慣良好，因此即使割箱陳列，商品依舊整整齊齊，不會給人凌亂的感受。假設 ALDI 來台灣展店，就要先克服這個問題，可能需要有良好的管理，維持店內的整齊有序，否則的話會讓人覺得像在拍賣促銷。

3-3

dm
德國藥妝連鎖
x
台灣旅遊代購 NO.1

成立於 1973 年的 dm，在德國隨處可
見，貨架採用神奇的「人字型擺放
法」，交錯的方式，使整體看起來更
顯寬敞，營造出開闊的空間感。

全德第二大評價
美妝超市

　　dm 是全德國第二大的平價美妝超市，它也是台灣代購旅遊界的 NO.1，在網路上只要搜尋旅遊必買、十大必敗商品，有非常多商品都可在 dm 裡面買得到，因此知名度也非常高。

　　這家超市成立於 1973 年，算是歷史悠久的企業，在德國隨處可見，特別之處在於貨架採用神奇的「人字型擺放法」，一般來講，貨架大概就是用直、橫方式陳列，可是使用「人字型」的交錯方式，使整體看起來更顯寬敞，會覺得就算兩台推車相遇都不會對撞，營造出開闊的空間感。

　　除此之外，貨架端會形成一個可供迴轉的空間，當客人走到底的時候，交錯的貨架，使人可以輕易地轉到另一個位置。

　　這樣的陳列方式會不會影響商品價格？其實不然，dm 的自營商品非常平價，台灣旅遊團前去購買的大多都是自營商品，例如面膜、洗面乳、乳液、洗髮精、牙膏等日用品。

　　講到自營商品，我們就會提到家樂福、大潤發也會看到很多的自營商品，兩者有什麼差異？我認為這之中的差別在於大賣場的自營商品是消費者不挑品牌，所以我就生產一個跟大家一樣的，只要看到東西就可以買，各家品牌衛生紙沒有太大差別，所以消費者可能會選擇購買價格較低的大賣場自營商品。

店面外觀，門口特別陳列花車商品。

◀ dm 入口處。

研發自營品牌，
成為搶手代購

dm 的自營商品不一樣，
從設計就開始自行處理，換句
話說，它不跟隨市場流行，而
觀察消費者喜好，走出自己的
特色，例如一款敷臉用的小型
美容膠囊，以台灣來講屬於高
單價保養品，因為通常是屬於
精華液的高價保養品，dm 的
自營商品卻相對平價，讓消費
者願意指明購買。

在台灣非常夯的明星商品：膠囊精華液。

再者，dm 店內也提供免
費飲水機，因為在歐洲來講，
水是很貴的商品，不是說提供免費飲水機就表示告訴消費者不用購
買飲用水，而是 dm 同時也銷售一些簡易藥品，飲用水只是一個連
帶的附加服務，算是貼心的作法。

剛剛提到 dm 自由品牌的美妝商品，從面膜、安瓶、精華液、
膠囊，有著輕便、易攜帶又便宜的特點，於是成為代購的最佳明細。
此外，這裡也標榜很多有機維他命、養生茶等，都是可以嘗試的一
些好商品。

我想能夠把自營商品變成大家掃貨的重點目標，就表示這些商
品確實有它的魅力，在很多 dm 店家都可以聽到很多華人說中文：
「要買這個嗎？到底要多少個？ 20 個嗎？還有呢？還有什麼？我現
在用微信或 Line 把照片發給你，看看這樣對不對？」

雖然在德國碰到華人的機率不是太大，不管是旅遊觀光客或是
當地留學生，尤其是中國大陸和台灣人，都是整批在掃貨，經常都
可以在 dm 看到這一類的消費者。

|1|2|
|3|4|

1.3.4. 貨架排列採人字型斜面陳列，使得整體空間看起來更大。
2.dm 是代購天堂，販售的美妝商品是代購業者的最愛。

Chapter 3　*161*

3-4

LINDNER

輕食店
x
進駐百貨頭櫃的暢銷店

咖啡店、簡餐店、麵包店,三個店型
加在一起的綜合體,這樣的消費行
為,結合德國人的生活習慣,顧客多
半點一份麵包,配上一杯咖啡或茶,
就是他們的一餐。

咖啡店、簡餐店、麵包店，三位一體

介紹輕食店之前，要先談德國人的生活習慣。為什麼稱為輕食店？其實這間不太算咖啡店，一般印象中的咖啡店主打咖啡，輔以麵包、蛋糕做搭配，進入店內是「喝咖啡、聊是非」，所以稱之為咖啡店，例如星巴克就是典型的咖啡店。

可是德國這家被我定義的輕食店，主力商品是非常多很棒又可口的麵包和蛋糕，飲料是附帶，麵包才是主體。因為對德國人來講，麵包是生活中最重要的主食，他們很少吃飯，幾乎沒有米食，只吃麵包，三餐都吃麵包。

因此，LINDNER 基本上是一個以麵包店為主，卻又不是一家麵包店，因為店的周圍有很多座位，讓客人可以坐下來吃麵包，不是讓你買回家當第二天早餐，所以也不算烘焙店，因此稱為輕食店。

加上德國人的生活習慣當中，三餐當中只吃一餐熱食，亦即另外兩餐可能就吃冷食，因此這個「冷」在我的定義裡頭，就是指輕食，意謂非正式餐、簡單吃的意思，選擇一份沙拉配一杯飲料，一塊蛋糕配上一杯咖啡就是一餐。

咖啡店、簡餐店、麵包店，三個店型加在一起的綜合體，這樣的消費行為裡面，結合德國人的生活習慣，顧客多半點一份麵包，配上一杯咖啡或茶，就是他們的一餐。當然這裡的麵包種類很多，貨架上有現烤的、小巧一點的、包著培根或奶油的，後頭也有那種很大的麵包，提供買回家當全家人的主食。

德國人會在這樣的一家輕食餐廳簡單地解決一餐。

◀介於三種店型之中的輕食店，看似以烘焙麵包為主體的店家型態。

百貨頭櫃，
深受消費者青睞

　　這家店在德國有非常多連鎖店，官網上可以看到每個城市的駐點，但都在德國境內，且經常出現在百貨公司和購物中心的美食街。

　　我曾在漢堡的高檔百貨公司裡面看到 LINDNER 設於頭櫃，所謂頭櫃指樓面的第一家，就是很不錯或深具特色的店家，通常深受消費者歡迎，才會被擺放在頭櫃。

該品牌在購物中心的美食區域，經常出現在頭櫃位置。

從服務台可看見複合了咖啡店、簡餐店、烘焙店的一種業態。

因此，可以看到像這樣子的連鎖店，能夠在德國百貨公司美食街變成頭櫃，就表示這種店型與商品，和當地人的生活息息相關，這裡經常可以看到一個人獨坐用餐，只是在我看起來的時候，真覺得它較難以歸類，也和平常認知的咖啡店純粹聊天休憩，是不太一樣的概念。

　　雖然說德國人吃得很簡單，可是他們對於蛋糕的用心程度，可以在照片中窺見細節，有著顏色繽紛、層次豐富的蛋糕，吸引消費者的視覺，這家店的專業和獨特性完全顯現在它的甜點櫃。我在德國旅遊考察了這麼多家店，唯一被制止拍照的時刻，就是這家店的蛋糕，可以想見蛋糕應該是 LINDNER 引以為傲的商品，經過設計者的巧心巧手，才完美地呈現在客人面前，嘗起來果然十分可口！

主打商品是甜點，店家禁止消費者拍照。

店內都是烘焙麵包，看似以此為主體的店家型態。

3-5

Tee-Handels-Kontor Bremen
茶葉茶食店
x
只限外帶的茶文化

德國有著不同於英法的浪漫，帶給消費者的感受是輕鬆、可親、唾手可得的，並沒有太華麗的裝飾，這樣一種輕鬆自在的氛圍，使得德國茶食店充滿魅力。

體驗德式的
飲茶文化

　　歐洲人蠻會喝茶，最有名的應該是英國的英式下午茶，但德國有點不太一樣，雖然歸類都是歐洲茶，但是英國茶比較花俏，加了玫瑰洋溢著浪漫情懷，德國相對之下較為樸實。

　　德國有非常多茶葉的連鎖店，只講「茶葉」顯然有一點窄化了，這裡兼賣一些配茶的小點心，餅乾、蛋捲、小糖果等，也有茶具，包括泡茶的器具、茶杯、沖泡壺，從馬克杯到小巧的茶葉杯，整套值得收藏的茶具都有，接下來介紹這一家連鎖茶葉店。

　　德國北部比較常見這個品牌，Tee-Handels-Kontor Bremen 整個店面規劃得非常明確，而且搶眼，商品完整且豐富，雖然整體呈現出來的色彩不是非常繽紛華麗，採以藍白色偏沉穩的色調為主，感受到輕快的布置風格。

　　由於德國通常給人的感覺是嚴謹、缺乏浪漫，因此會認為他們的茶葉店看起來不像法國、英國這麼充滿情懷，但是德國的浪漫有著不同的特點，所帶給消費者的感受是輕鬆、可親、唾手可得的，並沒有太華麗的裝飾，這樣一種輕鬆自在的氛圍，可以在德國茶食店充分感受。

　　當我走進去仔細查看，發現整個茶葉種類非常多樣化，裡面也包括了日本煎茶、中國綠茶點綴其中，但是大部分還是以花草茶為主，畢竟歐洲人是主要客群；搭配的茶點則有一些烘焙的手工餅乾、小司康、小巧的糖果等，店家包裝成一個漂亮的禮盒，讓顧客可以長期保存，同時搭配茶葉一起做成盒裝。

　　此外，這裡也有販賣一些調味用的果醬跟蜂蜜，因為歐洲花茶就調味上來講，並不一定只限糖粉，還會使用在地性的農產品，例如果醬或蜂蜜作為調味。

◀雖以販售歐洲茶為大宗，也包括了日本與中國的茶葉。

樸實而優雅的
茶文化

　　店門口會有一些試吃、試飲的活動，Tee-Handels-Kontor Bremen 把銷售情境安排得很好，不失為傳承優雅而樸實的茶文化。

　　茶葉的銷售就跟咖啡一樣，其實背後有著非常悠久的歷史，歐洲茶葉文化雖然和中國飲茶文化無法相比，但是仍舊可以在這種店家被充分展現出來。

　　這家店沒有提供座位，但是我想它無意像台灣的古典玫瑰園一樣的經營模式，成為以餐飲為主的店型，因此只提供外帶服務。不過，這也表示台灣的消費者並沒有養成這樣的習慣：自己買茶葉，回家喝歐洲式下午茶，大都還是希望能夠在外面享受一種情境或氛圍。

　　Tee-Handels-Kontor Bremen 專門販賣茶葉為主，德國一向以有機花茶著稱，有機花茶的栽植領域下，更有著非常多的種類，以這樣一個基礎呈現出來的整體表現，顯得相當出色。再者，店面的裝飾上也會加入「茶葉」與「手繪」的元素，整體顯示出一種精緻風格，引人一再流連。

茶飲店用清新的色彩及豐富的商品，吸引消費者的目光。

除了茶葉以外，茶具和品茶相
關的果醬、小點心，也是店家
銷售的重點。

門口有銷售人員提供現泡的茶飲，供消費者試喝。

3-6

Fellows

咖啡連鎖店

x

超越星巴克的店數

店家標語上提到：「期望像家一樣的地方！」希望顧客在這裡享受如同家庭的愜意，或是一杯咖啡的社交氛圍，讓人可以輕鬆地喝咖啡，而不是單純只販售咖啡而已。

營造情境，
像家一樣的地方

　　Fellows 在德國是隨處可見的咖啡連鎖店，1999 年在慕尼黑創立，店數已經超過了星巴克，在這裡要找間星巴克，反而沒有那麼容易。

　　除了街邊店，百貨商場也都有設點，高速公路休息站也常常看到它的身影，我覺得它跟星巴克有一點類似，包括店內的感覺跟想要傳遞的訊息。舉例來講，店家標語上提到：「期望像家一樣的地方！」星巴克也有一點點這種味道，希望顧客在這裡享受如同家庭的愜意，或是一杯咖啡的社交氛圍，所以塑造出一種情境，讓人可以輕鬆地喝咖啡，而不是單純只販售咖啡而已。

　　就跟星巴克一樣，Fellows 的咖啡好喝與否不是最大的重點，成功的關鍵在於與當地文化相結合。

　　從慕尼黑起家，在德國全境內到處可見身影，先不論它歸類於平價或高檔咖啡店，我認為它已經走在時代的尖端，餐點台前的活動看板已率先改為平板電腦。換句話說，顧客點餐的同時，放在前方的不是一個廣告立牌，而是一個活動的 3C 產品，像 iPad 一樣，所以可以看得到最近的促銷，然後滿不滿意服務等互動，直接採點選方式進行。

點餐台清楚看到大型平板點餐機，還會隨時秀出店家活動訊息，相當先進！

◀招牌和入口處。

以文化為底蘊的
咖啡文化

　　除此之外，這裡還有現做的貝果和三明治，我想就算消費者在店內用餐，也挺方便的，只是說Fellows是用咖啡作為切入點，貝果、三明治、麵包則是附帶的商品，像這樣一間咖啡店就很有德國咖啡的味道，布置和配色都以咖啡色調為主，木頭的桌椅等，整體給人一種簡潔而溫馨的感受。

　　我想Fellows之所以能夠成功，也在於比較符合德國人的喜好，呈現簡潔、大方的氛圍。整體來講，德國成功的連鎖店都給人一種簡潔、冷色調卻舒適的感受，卻擁有深厚的文化底蘊，令人想去探究背後的故事，不會因為簡潔就覺得簡陋。

　　整個歐洲咖啡最著名的，就是義大利式的咖啡，從 espresso 這種小杯濃縮咖啡開始，不管是拿鐵或卡布其諾，都以此為基底加以調整。因此，我想德國的咖啡並沒有什麼獨特性或者不一樣。

　　就歐洲整體來看，咖啡店大概就長這個樣子，只是可能法國人生性浪漫一些，即使在街邊，也會營造浪漫的氛圍讓人感受到；義大利人則因愛喝咖啡而使咖啡店到處林立；德國人跟這些國家比較起來的話，並不算有一個非常獨特的咖啡文化。

　　因此，我想這家店從慕尼黑起家之後能夠成功，其實就像星巴克一般的連鎖店，走一種咖啡的速食文化，並不是走精緻咖啡路線，這兩者有點不太相同，可能對於德國人來講，這樣子的風格和口味反而最是熟悉，比較有家常的味道，所以演變至今，隨處可見。

Fellows 的餐巾紙與咖啡杯。

1	2
3	4
5	6

1.2. 牆上標語:「就像在家裡一樣!」採用原木簡潔的陳列方式,
有種溫馨感。

3.4. 豐富多樣的食物,可供消費者選購。

5. 簡潔的餐飲料理台,價目表也一目瞭然。

6. 飲料杯的 size 大小,以及各式茶葉。

3-7

TIGER
生活用品店
x
縮小版 IKEA 的動線設計

這裡的貨架設計具有穿透性，一眼望過去就可以看到整體物品，顧客在當中遊走，卻無法過早地直接拿了東西就去結帳。

貨架迷宮，
走完才能出來

講到 TIGER 這家店，我下了一個小標叫做：「縮小版的 IKEA 動線設計！」為什麼這麼說呢？這個店非常奇特之處，當消費者踏進店內之後，要把全部貨架都走完一遍，才可以走出來，雖然店內空間不大，大約就 4、50 坪左右，但是動線就只有 one way，一條單行道，客人走進去以後，就要經過每一個區域，最後再結帳出來。

這樣設計一家店有好有壞，當大家認識了以後，一想到只要踏進去，就要全部走完才能出來，有些人沒有什麼東西想買，就不會進去了，但是 TIGER 能夠長久以來都堅持這個動線設計，表示有它成功之處。正因為店不大，不像 IKEA 一樣需要花兩個小時才走得完，也許 10 或 15 分鐘，消費者就逛著逛著走出來了，也把商品全部看過一輪。

就某個角度來說，我相信店家應該是仔細考慮過後，覺得這樣對它來講是最有利的，才成就如此特別的設計。

穿透性設計，
充滿遊逛樂趣

我在義大利看到這個牌子，發現它的價格大概位於大創跟生活工場之間，有 1 歐元的，也有介於 3 或 5 歐元的東西，裡頭安排一種迂迴曲折的動線設計，使人充滿遊逛樂趣，因為顧客從開始走的時候，發現轉個彎，原來這裡賣文具，轉過去卻看到有賣杯子，再轉過來這邊還有賣毛巾，然後在最後的貨架上還有賣小飾品。

◀店家外觀。

雖然充滿了遊逛樂趣，但是對於只想買其中某一件東西的人，或多或少會產生困擾，因為必須要經過很多區域，才會到達你真正要買東西的所在之處，這確實是一個比較大的缺點，但是我相信店家應該經過不少評估，發現有其獨特性，保留特色之下，把缺點轉變成優點。

　　換句話說，這裡的貨架設計具有穿透性，一眼望過去就可以看到整體物品，顧客在當中遊走，卻無法過早地直接拿了東西就去結帳，他需要稍稍繞一下路，多看一下其他商品，才能走到地點。

　　其實這種設計方式跟百貨公司的電扶梯有異曲同工之妙，一定要迫使消費者稍微繞一下該樓層，才有辦法繼續上樓或下樓，只是TIGER店面本身不大，所以不會造成消費者太大的困擾，反而變成有趣特色，也是一種極具設計感的巧思。

| 1 | 2 |
| 3 | 4 |

1.2.3.4 .
穿透性的貨架陳列，消費者必須經過曲折的動線，才可以拿到放在遠處的商品。

發揮坪效，
從服務上加強管理

從消費者角度來講，這種設計會有一點點不便；對店員來講，是不是也不便呢？當然是，例如說在某一個地方，消費者突然想要進一步詢問，位在結帳台的櫃員也要繞同樣的路線，才可以走到你旁邊，因此對於店員而言，熟悉店內路徑則是重要的一環，才容易回應顧客所需要的服務。

再從管理層面來講，有一個極大優點，可以不需要擔心消費者沒有結帳就走出去，因為他一定要在最後經過結帳櫃檯，才可以離開店家，這也是蠻有趣的一點。

雖然店面的坪數不大，但是空間還是足夠，顧客在其中遊逛並不會感到擁擠，這裡和台灣屈臣氏有著些微的差異，延續香港起家的背景，屈臣氏希望充分發揮每一個坪效，有時候會擺滿琳瑯滿目的商品，不管是走道轉角或樓梯上，好像隨時一轉身就會撞到商品。

就實際上在店鋪經營管理來說，有時候要讓消費者有找到東西的驚喜，對於屈臣氏來講，這部分的設計確實做得挺不錯，讓消費者產生一個豐富感，彷彿走在裡面感覺像是在尋寶一樣，找到想要的東西以後再走出來，也是蠻有趣的一種購物行為。

同樣地，TIGER 迷宮式的經營模式，不擁擠的購物空間，充滿遊逛式的樂趣，更為令人驚喜。

採用小格子陳列食材相關配料和用品。

3-8

Magnum

頂級雪糕店

x

比哈根達斯還高級！

到底是什麼冰淇淋，比哈根達斯還要
高級？
只賣雪糕的店，到底有多麼神奇？

為自己訂作一支 專屬雪糕

這是歐洲聽說比哈根達斯，還高級的雪糕冰淇淋牌子！台灣也有進口，只是都在高檔超市銷售。

該品牌在義大利開了這樣的雪糕專賣店，主力只有雪糕。光以這樣少的商品，能夠演出互動秀，就像酷聖石的炒冰一樣有趣了！

一開始，先選擇雪糕口味，然後在數十種材料中選擇配料，接着再選擇外皮。

店員會把雪糕依據選擇，放入巧克力、香草、牛奶巧克力三種不同汁液當中，拉起來凝固為雪糕脆皮。最後加上配料，就變成專為自己訂作的雪糕了。

一枝大約合台幣 160 元，裡頭設置有舒適座位區，在高物價的歐洲，倒也算合理價位。

雪糕製作過程就像一場表演秀，每位消費者的雪糕都是客製化！

◀店內陳列非常簡潔，但是也有跟雪糕相關的製作物，可以突顯店家的主題。

3-9

OVS
快時尚
x
即買即穿的流行服飾

以羅馬這家店來講，分為兩層樓的規
劃，比較特別的一點在於附設彩妝跟
保養區，更是整體重要的銷售規劃。

衣服垃圾，
快時尚的銷售衝擊

最近快時尚都面臨非常大的一個挑戰，它不再像過去這些年來，業績一直不斷地往上翻升，還造成了一些「衣服垃圾」的困擾，不管是 Zara 或 H&M，甚至於在國際上也都被輿論攻擊。

近期 H&M 開始辦了一個舊衣回收的活動，人們可以把舊衣拿回去還給在台灣各地的 H&M，不侷限於該品牌的衣物，只要是家裡的衣服都可以送去，店家就會提供一張 9 折券，讓消費者可以再買新的衣服。官網上則附帶特別說明，會把這些舊衣回收或是轉送其他社福團體。

真正不行的話，H&M 就把它拆解到：纖維歸纖維、鈕子歸鈕子、拉鏈歸拉鏈，讓衣服真正地不再是垃圾，H&M 可以做到這樣子，令我感到十分佩服，相信這會是未來快時尚必須要走的一條路線。因為快時尚的概念，就是很快速地、大量地，把成衣加入了流行的元素以後，再推到市場上，Zara 就是這樣子起家，可說席捲全球，近年也進來台灣市場。

但是 OVS 這個品牌卻沒有進來台灣，它其實是一個義大利品牌，從義大利起源到南法、德國南部等，這些地方都可以看到它的蹤影，我希望在書中也特別提出來跟讀者分享。它的店型和品類，甚至於從價位來看，都跟 H&M 十分類似，跟 Zara 稍微有別，Zara 客群以上班族為主，而且 Zara 價位比 H&M 稍高一些，因此 OVS 跟 H&M 相對上比較近似。

OVS 有發行禮物卡，裡面儲值一定金額，所以可以買來作為禮物送人，朋友可以直接拿著這張禮物卡買東西。

◀店家外觀。

銷售新規劃，
附帶彩妝和保養區

以羅馬這家店來講，它分為兩層樓的規劃，男裝跟童裝位於樓下，以女裝為核心，再搭配男裝與童裝，都跟 H&M 很相近的狀況，但 OVS 比較特別的一點在於附設彩妝跟保養區，並主打這一區塊。

商品中有一些自由品牌，甚至還搭配其他品牌一併銷售，在 OVS 這個快時尚的品牌來看，會發現彩妝和保養區是相當重點的一個環節。

在試穿區的部分，相較台灣的 H&M 或 Zara 來講，OVS 是比較鬆散的，等於是消費者自己拿衣服試穿，如果不適合可以直接放在那裡，雖然很自由，但如果省略了人員的把關，還有整理不夠快速的話，當消費者到試衣間時，就會感覺凌亂，明明是新衣卻堆了一堆在那裡，看起來好像二手衣被隨手亂扔。

但是就 OVS 整體的設計感，以及平價程度、新商品更替，其實都做得相當不錯，沒有引進台灣市場是有些可惜的。

一般而言，快時尚本身就是以女裝為核心，只是像 H&M 拓展到很大的時候，在柏林可以看到為了童裝或男裝，可以另開一間店，等於女裝、童裝、男裝各有一家店，但都是 H&M 這個品牌的服飾。但是這也不代表 H&M 就要把這一些部門分開，可能是因為在那個商業區之中，每個店型不夠大，於是就開了兩家或三家。

無印良品在日本的自由丘也有一個類似狀況，就是把居家跟服飾，分開來在兩棟不同的樓層，但這並不表示無印良品要走兩條不同路線，它只是因應當地的店型跟規模設計，所以就把這兩個不同類別的主題分開來了。

1	2	3
4	5	6
7	8	9

1. 排隊人潮和結帳櫃檯前的小物。

2. 美妝美髮區的空間相對較大,商品也較多。

3. 在整體樓層串連上,相當簡潔明亮。

4-9. 男裝、女裝、童裝,分屬在不同的陳列區。

3-10

EATALY
義大利生活概念店
x
代表國家的品牌

我在想，如果有一天台灣也可以變成
一種風格，裡面販售台灣的商品、食
材，有我們的特色餐廳，這也是一個
很好的國民外交。

「國家級」的
生活概念店

這家店名就叫「Eataly」，Eat 就是吃東西的意思，唸起來跟 Italy 同音，我想有一家店敢取這樣子的名字，無疑就很厲害。如果有一家店叫做「台灣」，台灣人如果不會覺得：「你為什麼敢把國名拿來當品牌名稱？」表示它是一個國家級的好店，為什麼叫國家級呢？我們來看看 Eataly 到底都在賣什麼？

這個 Eataly 生活概念店，主要以食品為主，裡面有賣很多美食與食品雜貨，同時也有餐廳、咖啡吧，消費者可以現點現做，也可以外帶，咖啡吧除了咖啡，也有咖啡豆、咖啡機、咖啡杯，此外，也提供現場烘焙的麵包、Pizza。

為什麼我稱它為「生活提案店」？因為講到義大利就想到義大利麵、義大利香料、義大利紅酒、起司、巧克力，而且在這裡都買得到，種類繁多，甚至於還搭配販賣一些沐浴洗劑、精油薰香等生活用品，可說應有盡有。

而且特點是，這些東西通通可以讓人聯想到義大利，因此用 Eataly 為名。我覺得整家店規劃得非常好，店內風格不僅清晰明快，有一點無印良品加上 IKEA 綜合版的感覺，根據官網資料，它在美國非常火紅，開了非常多家連鎖店，以現階段來講，Eataly 在德國、法國都有分店，甚至已經跨出了歐洲，進軍了美國市場。

我認為這家店的構想非常棒，如果有一天台灣也可以變成一種風格，裡面販售台灣的商品、食材，有我們的特色餐廳，這也是一個很好的國民外交。但是想要成功，也不是那麼容易的事，義大利的美食確實聞名國際，在這家店內可以看到的義大利麵、香料種類繁多，餐廳又可以品嘗道地的義大利料理，不僅是義大利人喜歡來，相信遊客也喜歡造訪，每個環節都展現出專業，所以成功不是沒有道理！

◀店門口可愛的展示品，充滿義大利氛圍。

頂級食材，
每個區塊都展現專業

　　提到這家生活用品店或是生活概念店，每一個地方都很專業的意思是：既然敢把這些東西放在一起，食材就是頂級的食材、餐廳有很棒的廚師、咖啡吧有很好的機器和咖啡豆、烘焙料理也很棒，才可以在每一個區塊裡面，都能夠創造業績，而不只是在某個部分很好，其他東西作為搭配，這樣子就會發現某個地方的坪效很低。

　　所謂的坪效是指店內的規劃當中，一個品項到底佔了多少面積，這個面積可不可以發揮足夠的效能，所以店內必定都是良好的東西相互結合，才能創造共榮奇蹟，這個 Eataly 也才會是完整的概念，否則的話，若只有餐廳賺錢，賣食材的不賺錢，食材就會越賣越少；或是烘焙賺錢，咖啡不賺錢，咖啡的區域就越縮越小。

　　當某個區塊縮小到一定程度的時候，它就不足以稱之為生活概念店了，開始偏向某一個方向，而 Eataly 這家概念店，可以發現它連賣酒的地方都設有紅酒的專業陳列架、紅酒的儲存櫃、良好的品酒杯等，就表示在每一個細節都要求做到十足專業，才能夠全面整合起來，變成一個生活概念店。

　　總歸一句，就是「義大利」啊！這正是行銷自我國家的一種美好表示，而且整體設計風格明亮，不會因為宣傳國家就出現一些傳統歷史或陳舊感，價位策略上走中偏上階價位的路線，但是絕對不是很高檔，高不可攀的意思，是一般人可親近的店家！

入口處擺設了可供消費者簡單餐飲的小桌子。

1	2	3
4	5	6
7	8	9

1. 咖啡飲用區。

2. 貨架頂端都會提出這個品牌的生活主張，並且介紹義大利麵各種不同的類型，類似於教學說明。

3. 這家生活概念店有銷售糖果與其他食物的區域。

4.5. 義大利麵的各式醬料，在這裡都可以看得到。

6.7. 種類繁多的美食與食品雜貨。

8.9. 現場也有烘焙麵包和 Pizza。

3-11

Migone
糖果店
x
滿足大小孩的甜蜜心願

對於大人而言，糖果可作為禮物送人
外，其實吃糖也是一種很抒壓的方式。
在歐洲，吃糖果不是孩子的專利，大
人也可以吃糖果。

大人小孩都愛的糖果店

一般心目中的糖果店，都是充滿童趣，會讓孩子們很開心、尖叫的地方，可是仔細想一想，只有孩子能吃糖果嗎？這倒未必。

對於大人而言，糖果可作為禮物送人外，其實吃糖也是一種很抒壓的方式，有些人看電視也吃糖果，只是一般人會覺得它就是小孩子吃的，我只是順手拿來吃而已，很少有大人願意很認真的面對自己：「其實買個糖果來犒賞自己，也是很 OK 的！」但是在歐洲，吃糖果不是孩子的專利，大人也可以吃糖果。

早年我在公關公司的時候，美國巧克力與糖果協會曾經是我的客戶，美國巧克力與糖果協會分析了世界各地的人，吃糖果跟巧克力的平均消耗量，當年台灣的消耗量其實頗低，所以他們特別設定了行銷公關的預算，來台灣找公關公司推廣巧克力跟糖果。我曾經服務過這樣子的客戶，這個協會目前的重心已經轉移到中國大陸，因為它覺得台灣的國民所得及消費者的觀念已經提升到，認為糖果跟巧克力都是日常所需。

不過，雖然這個協會已經離開台灣到中國大陸去，但是基本上仍舊看到台灣人並不像歐美人士把巧克力跟糖果，放在生活中很重要的位置上，所以談到了義大利這家 Migone 糖果店，把糖果做得優雅且高檔，提到高檔，或許會聯想到有些手工巧克力很昂貴。

櫥窗陳列非常豐富，有許多想像不到、多樣化的糖果與餅乾。

◀店家外觀。

精品級，
不只是廉價的兒童零食

　　這裡所謂的「高檔」，是指它不是很廉價的兒童零食，而是一種成人食品，大人吃的東西。因此不管是包裝、選擇上來講，這種「高檔」跟把巧克力包裝成精品，是不太一樣的概念，重點在於只為了包裝給成人而已。

　　從店內的裝潢可以發現，這裡充滿了非常豐富且多彩的各種商品，令人目不暇給，甚至還有不少義大利傳統的糕餅、糖果也在其中。櫥窗展示眾多新產品的感覺，就像是珠寶店一樣，令消費者忍不住駐足與觀賞，我覺得糖果是一個會令人感到很幸福的食品，因此這樣一家連鎖店，很值得跟大家來分享。

　　此外，這裡有洽談婚禮小物或是訂製大量的客製區，據此可以判斷在當地婚禮上，它的商品也可以作為喜糖發送給賓客，因為在這裡可以看到一些結婚的圖騰與小禮盒，想必也是可以訂做成一些婚禮小物。在台灣通常是在喜餅店鋪順帶訂製喜糖，但是在歐洲有這樣一家專門的「喜糖店」，可說蠻別緻。

　　再仔細觀察這家店的客群，會發現老中青都有，絕對不是只專門給小孩子，雖然位於觀光客眾多的地方，可是也有很多當地人會上門選購，並不是只做觀光客的客群，把東西弄得美美的當作伴手禮，當地人也會上門購買一些糖果，帶回家當作小點心使用。

　　這樣的消費模式讓我想到冰淇淋也是一樣，台灣人認為吃冰淇淋都要去店鋪裡，很少人會說把冰淇淋當作家裡的飯後甜食，餐後分給家人吃，可是這種東西對於歐美人士而言，它不是附帶的，而是一種每天或日常會食用的居家食物，這跟台灣人的觀念有些不太相同。

　　糖果的擺設上也有區分，例如說巧克力類放一區，硬糖、軟體、散裝都分屬不同區域，讓消費者感到整個品項的豐富度，同時也有部分試吃區，使人嘗到甜頭，心頭也湧上一股甜蜜。

1	2
3	4
5	6

1. 吃糖果不再是小孩子的專利，消費者老中青都有。

2. 店內主題桌呈現。

3. 多種小包裝糖果，方便消費者做小量選購。

4.5.6. 專做婚禮小物的區域，同樣商品在包裝上加入了婚禮元素，變得非常浪漫。

3-12

Denns
德國有機超市
x
內用、外帶、消費，一次滿足

這家連鎖超市讓人明顯感受到，包括
店招、店裝都是以綠色、木頭色系為
主，這種自然風格的呈現，輕易聯想
到「有機」的核心概念。

超市可內用，
也提供外帶服務？

德國超市其實競爭相當激烈，有著各式各樣的超市，在眾多超市當中，這個品牌標榜以「有機」為主。在台灣，我們可以看到大部分都是「有機商店」，有機食物或食品並沒有想像中那麼多，它的來源與市場可能沒有那麼大，要做到「有機超市」的規模可能有點困難度。

當然德國這家有機超市也不是標榜所有東西都有機，只是大部分有機而已，可以看到不管是有機或是自然農法的農產品，在德國相對非常受到歡迎，雖然價位偏高，但是一樣在市場上佔有一席之地。

這家連鎖超市其實很明顯可以看到，包括店招、店裝都是以綠色、木頭色系為主，這種自然風格的呈現，讓人很輕易可以聯想到「有機」的核心概念，其實跟我們所認知的概念非常相近。

Denns 有機超市的規劃有個很特別的地方，是消費者一進門看到的是一個輕食區，有現點的麵包、咖啡，雖然座位不多，卻十分精緻，桌上還擺放桌花、店卡也相當明顯，在這個所謂的輕食區裡面，也販賣起司、香腸、三明治等餐點，除了可以內用，也提供外帶服務。

因此，當我們來看這家超市的動線，先看到內用區、外帶區，然後才是它的消費區，不同於一般店家的動線。我想說是不是應該有另外的獨立出入口，或者是把用餐與進超市購物的人區分開來，然而並沒有。於是，這家超市的規劃造成一種情況，如果消費者要去購買其中的商品，一定會經過輕食區跟外帶區，當客人買完東西結帳之後，繞一圈再來買外帶食物；或者是客人今天不下廚，直接上門用餐，很快地就可以獲得想要的商品。

因此，這個動線規劃是蠻特別的設計，相信必定有它特有的原因。

◀店門口招牌使用木框加黑板，是有機商家的經典表現。

輕食可口，
生鮮農產品豐富

　　把輕食區放在一進門的位置，有兩個主要重點，第一是必須要讓消費者覺得被吸引，因此食物本身及外帶區的商品必須夠漂亮，否則人家經過看到，覺得東西並不怎麼樣，連後面想進去買東西的欲望都會連帶降低。所以對於「食物看起來可口」這件事情，本身就是一個很大的挑戰。

　　第二是豐富感，雖然內用區不大，可是必須營造出豐富感，例如說呈現出來的起司、香腸、麵包等，數量要夠大、種類要夠多，讓消費者有眾多選擇性的感覺。因此，視覺的感受與豐富感這兩點，就會變成在這個區域當中相當關鍵的重點。

　　經過了這個輕食區之後，後面就進入了超市的銷售區域，首先映入眼簾的就是農產品，呈現如同我們想像中的有機食品店，不管是竹籃子、籐籃子或是木頭箱子，都是常見的擺設，生鮮的農產品非常豐富。

　　再往下走，就會看見不管是米、油、麵粉等標榜有機的食材，都各據一大區塊，假設消費者很在意有機與否的話，在這樣的一間超市裡面會擁有較多的選擇，而不是像在一間小小的有機商店中，就只能購買到一部分的東西。

　　德國有機食品在這種超市中，都可以獲得完整陳列與銷售，它的有機商品十分豐富，包括香料、農產品、食材都種類繁多且齊全。當然，既然是超市，後面也會販賣一些日用品等，這類產品亦會標榜有機製作，但並不是每一項產品都是如此。也因為標榜「有機」、走自然農法的耕作方式，所以價位上就相對昂貴高階。

　　店門口可以看到販賣現榨果汁，把重要、具代表性的生鮮產品，放在很重要的位置上，並且把這項產品當作特價品販售，讓消費者一走進到店內，就馬上看得到，也是很特別的做法！

　　在一家商店之中，只要區分不同的區域，就會有不同的坪效產

生，所以必須把每個區域都規劃得很精彩，特別是在店門口一入內的地方是最重要的地方，必須有吸引人的商品，例如這家有機超市的輕食區就做得很精彩，才能吸引消費者往店內去做商品的購買！

1	2	3
4	5	6

1. 進門轉彎處的生鮮區域。

2.3. 起司與烘焙麵包區，消費者可以在這裡享用食物。

4.5.6. 有機超市裡面的香料、配料相當豐富，而且最常使用木質的陳列架與陳列籃。

3-13

Ernsting's family
媽媽孩子組合店
x
滿足媽媽一次買齊的心願

如果一家店能夠結合嬰幼兒商品與時
尚女裝，也兼具生活工場的功能，同
時販賣生活雜貨，媽媽就能一次滿足
所有心願！

帶著小孩購物，
不再是件苦差事

　　這是一家很特別的店，可以從顧客群與消費行為來講起。

　　一位帶著嬰幼兒的媽媽，想要出門逛街買衣服的時候，孩子通常都難以控制，喝奶、睡覺、吵鬧，所以媽媽很難悠哉的逛街。再者一般的女裝店中，如果推著嬰兒推車或幼兒跑來跑去，都是令人感到不便與煩躁的，甚至會影響到其他客人，因此這些年輕的媽媽通常會覺得，帶著小孩購物是很辛苦的一件差事。

　　再回頭來講，如果媽媽今天要替小孩子買東西，首先會想到的就是嬰幼兒專賣店，例如麗嬰房、奇哥，但是從來沒有人把麗嬰房跟 Zara 結合在一起。這家店正是結合嬰幼兒商品與女裝的一家組合店，此外，也兼具生活工場或無印良品的功能，同時販賣一些生活雜貨。

　　因此這些推著嬰兒車的媽媽們，只要走進這家店，她同時可以給孩子買件 T-shirt、為自己買件美麗洋裝，順便補給家中缺少的餐巾紙等生活用品，甚至換季的時候，家中想轉換不同的居家擺設風格，在這兒買個花瓶或相框，打造煥然一新的居家氛圍。

　　換言之，這家店完完全全就是從消費者的角度出發，只有年輕的、推著嬰兒車的媽媽才知道：「好棒喔！在這裡我可以一次買齊所有需要的東西！」但是這家店並不大，也沒有分層或分部門，所有商品就陳列在 3、50 坪左右的店裡面，因此商業模式很值得我們研究與探討。

店家入口處。

◀店內也販賣一些小型園藝的裝飾品。

主打服飾，
兼具設計和流行

　　這家連鎖店在德國的購物中心很常見，消費者非常特定也十分明顯，幾乎每一個消費者都是年輕媽媽帶著年幼的孩子一起在此購物，客群鎖定了這個族群，雖然孩子相關商品很多、很雜，也難以歸類，但這家店主打服飾為主，而非奶瓶、奶嘴等嬰幼兒用品。

　　換句話說，媽媽在為自己添置新衣的時候，衣服風格雷同優衣庫、Zara、H&M 這種快時尚的服飾外，包含 T-shirt、長褲、one piece 洋裝等，或是圍巾、帽子等配件，全部都是女裝基本款。儘管如此，這家店就如同一般服飾店有換季、時尚的元素，跟菜市場或路邊攤的廉價販賣很不一樣，因此年輕媽媽在這裡可以買到當季、兼具設計風格與流行性的服飾。

　　買完自己的衣服之後，媽媽可以順便在旁邊貨架上買齊孩子的服飾，但是這個與親子裝的概念不完全一樣，店家也顧及了嬰幼兒服飾的時尚與潮流元素；有趣的是這家店還兼賣男性的襪子、內衣褲，因此可以說除了顧及年輕媽媽與年幼孩子的需求外，太太也可以在這裡替丈夫添購這類消耗性的衣服配件。不過，一般常見的男性 T-shirt 都沒有，表示這家店鎖定的目標族群很明顯，就是想要一次添購家中必需品的年輕媽媽。

媽媽選購衣服時，可一併添購孩子的衣物。

| 1 | 2 |
| 3 | 4 |

1. 服飾和玩具可以同時存在。

2. 媽媽跟孩子的東西在一眼可見的空間內。

3. 從媽媽的服裝來看，也像是某一種快時尚。

4. 一般童裝店不會同時販賣玩具，但這裡把兩者放在一起。

主題換季，
精準的坪效規劃

　　這一類的店家十分少見，不僅台灣沒有，甚至於在日本、中國大陸，我都沒有看過類似的店家，特別是在日本有很多不同類型的連鎖店。但目前為止，不曾見過在日本或中國大陸出現這一類型的店家。

　　這家店很有趣的點，在於貨品的陳列方式，以夏天來講，店家可能以海洋為主題，因此一走進店家的右邊櫥窗跟主題區，消費者可以看到與海洋有關的商品，包括媽媽的洋裝、幼兒的 T-shirt，旁邊擺放了小孩子玩耍的挖沙工具組，還有家中想要換季，這裡還有海洋風格的藍色桌布跟杯墊，因此想要添購新衣、幼兒的玩具、家中日用品，全部都可以一次被滿足。

　　在一個主題內，買齊了所有想要的商品之後，媽媽在結帳的時候，想起了先生的襪子破了、內衣褲舊了，剛好收銀台旁邊貨架上就擺放成年男性的襪子與內衣褲，媽媽就可以一併購買，就不用另外再到其他店家或超市購買這些消耗品，可見商品陳列很用心也很特別。

服飾以外，也販售居家用品。

從這家店的客群跟商品擺設，可以再談到坪效這件事。只要有不同區隔，店家在經營時，可以觀察哪一個區塊的商品做得好，如果落差太大的話，某一塊就會越縮越小，到最後甚至變成點綴，也許隔了幾年後這一類商品就在這家店內消失了。但是我發現德國這家組合超市，在這方面看起來是經營得相當成功，不僅是拓展了很多類似的店面，經過多年以後，各區塊都沒有太明顯的消長，換句話說，當初這樣的規劃設計是成功的，而且也獲得消費者接受。

　　進一步說到坪效規劃，如果規劃單一類別的商品比較容易理解，例如這是一家鞋子店，雖然也會區分男鞋、女鞋、運動鞋、皮鞋，但是基本上，鞋子本身的坪效就有一定的統計數字。但是如果又賣鞋子又賣衣服呢？甚至兼賣生活雜貨呢？抑或在旁邊小角落又加賣一點食品呢？此時，坪效搭配就是一門很重要的學問。

　　談到組合店的經營，會比起單一商品店來得困難的原因，在於組合看似容易，實際上一個組合不好，就會變成強者恆強、弱者恆弱，到最後弱者甚至扶不起來，就失去了原來組合的本意。

　　因此，這家店以特定族群的消費行為來切入，雖然看似是一個很狹窄的方向，但是能夠把目標對象群瞄準到如此精確，其實也是相當厲害，事前肯定做了不少分析與研究功課，我想以德國人的嚴謹程度能夠開發出這種類型的店家，其在市調所下的功夫，絕對不是我們一般想像中的如此簡單！

屬於父親的男性物品，就只有內衣褲與襪子而已。

3-14

Tchibo

快生活連鎖店
x
難以歸類的獨特和便利

從我第一次看到這家店，仔細觀察的
結果發現，不僅賣咖啡、內睡衣，隔
壁還兼賣餐巾紙、桌布、烤肉的刀叉
具，這家店到底是在賣什麼東西呢？

一邊喝咖啡，
一邊買內睡衣

「快生活」這三個字是我下的定義，因為沒有任何一個形容詞足以形容這家店，是我在這次考察中觀察最多也最久的，換句話說，我在其他地方完全找不到相類似的店家，完全沒有，於是做出一個區隔，就將它稱為：「快生活店！」

為什麼叫它「快生活」呢？是為了區別於「快時尚」，因為「快時尚」基本上就是服飾店。

至於「快生活」，第一次看到這家店的時候，是在一個火車站的商場內，這家店右手邊在賣咖啡豆跟咖啡，觀察了一下，不確定是主打咖啡豆還是咖啡，發現有人站在那裡喝咖啡，因此認為是賣咖啡的店家。但此時又看到了這家店的左側在賣睡內衣，而且真的有很多人在選購，而非空空蕩蕩的一個區塊，我心想：「這是什麼店啊？」完全無法聯想。

第一個想到的是「無印良品」的 Kiosk 小巧店型，通常座落在鐵路或地鐵站的旁邊，會賣內衣褲、一些無印良品簡易的文具，以及一些簡單食品，屬於一個非常小型無印良品的店，當時心想應該是類似於這種店型吧！

無印良品會出現這種店型，跟日本人的生活習慣有很大的關係，因為聽說日本上班族下了班之後，同事會三五成群到酒吧或居酒屋喝喝小酒、互動，回家的時候很可能不小心吐了，把衣服弄髒，擔心影響形象，所以日本人會乾脆去買一套新衣服換下來，不要讓太太覺得好像把髒衣服跟不好的氣味帶回家。

這個標誌是指不可以把自行車推進屋內，但是並不禁止帶狗進入。

◀ 衣服與咖啡，就這樣完美相遇。

或者說今天這個日本上班族外出到某個地方洽談公事，可能途中遇到大雨，還是在電車上不小心把咖啡灑了，不曉得該怎麼辦的時候，日本人就會在無印良品裡面購買一件乾淨、整齊、制式的白襯衫，然後換穿上去。或是臨時缺少一個文具，想買個簡易食物填飽肚子，因此這類迷你型的無印良品，可說是因應日本人的生活習性與需求而生的一種店型。

當季限量，快閃完售

再講回來德國這家店，我看到賣咖啡的對面是賣內睡衣的時候，第一個反應是：「原來是無印良品喔！」但是細看之後又覺得不像，因為無印良品賣的商品，主要是為了讓消費者可以快速修飾門面，或學生和上班族補充文具，但是販賣睡衣肯定跟無印良品的需求不同。

從我第一次看到這家店，到後來又去了德國其他城市，經常看到這家店，仔細觀察的結果發現，它不僅賣咖啡、內睡衣，隔壁還兼賣餐巾紙、桌布，走過去還看到運動水壺，地上還陳列了一個木製的提籃，上面放的是烤肉的刀叉具，怎麼會有一個這樣子的小店，每次都擠了很多人，這家店到底是在賣什麼東西呢？不只很難歸類，更不可思議的是每一家店的生意都很不錯。

消費者購物就像尋寶一樣，有時會有令人意想不到的驚喜。

每家店販賣商品都類似，只是種類繁雜，因為其獨特性引起我的好奇，於是請教了德國友人，才知道原來這家店完美地把線上線下都整合好，除了咖啡豆外，如果要販售某項具備季節性或特殊性的商品之際，舉例來說，假設現在是烤肉季，這家連鎖店在全國進了五千套烤肉用具，然後通知消費者在某年某月會全國上架，同時接受線上訂購，消費者只要到店內消費，就可以買到限量且低價的烤肉用具。

　　換言之，透過線上刊登與 catalogue，告訴大家某個檔期要上市何種商品，於是有需求的消費者就會前往購買，限量售完為止，我稱此銷售手法為「快閃」，它不一定一次賣完，但是放在店內販售，商品賣完，檔期就馬上結束，不算是長銷品（所謂長銷品是指不管消費者今天、明天、甚至明年來，都固定會在店內販售的商品），它屬於一次性的商品，賣完就再換下一個商品。

| 1 | 2 | 3 |

1. 店家外觀，看不太出到底在賣什麼東西。
2. 小孩子的玩具跟茶飲放在一塊銷售。
3. 主題桌。

熱銷單品和香醇咖啡，創造新店型

這種概念跟快時尚的經營理念很類似，使用如此「快閃」的銷售手法，我認為或許可稱為「快生活」，意謂著是一個生活雜貨的組合店，但銷售概念是強調「限量」、「快速」、「一次性」。

消費者也很清楚知道在這家店購買的東西，錯過這次，可能下次就買不到了，或者不知道何時會再重新推出。而且它也沒有庫存壓力，商品更換的速度非常快，可以先在型錄上預告上架日期，引起消費者的關注，有興趣與需求的消費者就會前往店家排隊購買。

當然，這裡也有販賣一些長銷品，例如內睡衣、襪子、簡單的餐具，德國友人也說它的咖啡豆品質很好，價錢又便宜。此外，這裡也會幫客人研磨咖啡豆，甚至可以在店內現泡現喝，現場經過這家店的時候，都會聞到一股濃濃的咖啡香，有一股居家的感覺。

它就是把這些商品跟原先起家的咖啡豆結合在一塊，搖身一變成了某種程度的生活型態店，因為無法精確歸類到現有為人熟知的店型，因此我姑且稱之為「快生活連鎖店」。在德國，可說是十分受歡迎的一家生活用品店，而且跟 IKEA 一樣使用目錄行銷，只要加入會員，它會直接將紙本或電子目錄寄到消費者手中，雙管齊下，從線上到 catalogue 到實體店，通通整合起來，我觀察了好幾個城市與車站附近，都可以看到這家店，北到漢堡、南到慕尼黑，而且每家店生意都很不錯，真是一家很特別的店家。

另外，它在預告這些商品的時候，就已經先曝光了，可以鎖定一些消費者會來購買之外，同時可以降低囤貨的壓力，大量降低庫存，其實像「快時尚店」的衣服也是如此，不管是 Zara、優衣庫、H&M，這一批衣服賣完了以後，消費者想要再去找一樣的衣服，基本上就已經沒了，店內已換下一季商品，頂多設計可能有些微類似，多了一顆釦子或是顏色做了一些變化，但是基本上就是一批商品賣完就結束。

因此，使用這種方式販售生活雜貨，是很特別的一種經營模式。

1		2
3	4	5
6	7	8

1.2. 另一家快生活店，一進門的地方是咖啡區域，消費
　　者可在此小做休憩。

3.4.5.6.7.8.
看起來充滿咖啡店的氛圍，不只賣咖啡，還兼賣服飾，
實際上是快生活的呈現。

3-15

BUTLERS
生活用品店
x
讓生活雜貨跟著換季

居家用品看起來漂亮，可是商品周轉
率卻很低，德國這家 BUTLERS 用季節
性來做販售，主張生活雜貨也要跟著
換季！

翻轉居家用品的
周轉率

台灣常見的生活工場，消費者覺得商品美美的，售價也不貴，看起來每樣東西都很可愛，但真正的居家用品店其實很難經營，因為商品周轉率太低，何謂商品周轉率呢？意思就是消費者多久時間會再重新購買一次，商品的使用週期，我們稱之為商品周轉率。例如這個東西很有趣，可是買了以後，它可能用了五年都不會更換，面紙盒、杯子、杯墊、花瓶等，都屬於這類產品。

相對於這種固定、擺在家中可能多年不換的東西比起來，消耗性的商品例如飲料、食物、洗面乳、沐浴乳，用完了就沒了，消費者就會再次購買，這一類居家用品看起來很漂亮，可是實際談到它的商品周轉率都很低。

一般大眾喜歡日本雜貨，在日本店家可以看到很多精緻漂亮的擺飾，但是消費者多久才買一次？這些商品可能一放就放很長的時間，周轉率低代表它就佔了位置，營業額很難提升，這是居家用品都會面對的問題。

德國這家 BUTLERS 的做法又如何呢？BUTLERS 雖然是賣一些長年使用的商品，但是可以發現它使用服飾店的銷售概念，用季節性來做販售，亦即這家店主張生活雜貨也要換季，否則就容易陷入商品周轉率低落的問題。

台灣有一段時間很流行所謂鄉村風格的雜貨，這種風格雜貨通常不會換季，它就是原木色調、小碎花布料，帶一點點蕾絲邊。但這類居家雜貨現在基本上已經銷聲匿跡，除了流行以外，其實就是沒有換季概念，一年四季都可以使用，消費者不覺得需要做更替。

◀門口花車已經充分顯示了色彩繽紛的氣息。

把換季元素
融入居家用品

　　但是如果今天把「換季」概念加入生活雜貨中，可能夏季時會用一些貝殼、海邊、藍色的元素來做布置，秋天可能是布藝應該換成楓紅、落葉的顏色，冬天也許是加入白雪皚皚、聖誕節的元素，添加一些白色、紅色、綠色的裝飾，等到春季的時候，又換成翠綠、青蔥，營造萬物欣欣向榮的感覺。

　　用這樣子的概念來搭配居家用品，它就有季節感，進而讓消費者覺得說：「現在都是炎夏了，我還用一個黑色暗沉的杯子，好像不太符合季節氣氛，還是把它換成淺色系好了！」這樣的話，就可以刺激消費者購買第二個杯子。

　　「居家用品要換季」這個概念，其實是讓居家商品開始變得更活潑，也更親近生活，當然在商言商，它也是商品周轉率能夠提高很重要的一個因素。

　　因此，BUTLERS 這家生活用品店就把「季節」元素放入商品中，不管是杯盤餐飾、布藝陳列，不同季節的顏色和材質都大不一樣。這家店是 1999 年成立，銷售商品和經營模式在我看來，和台灣的生活工場很是類似，門口會放置一個主題區，平價又帶有一點點的流行感，此外也擺了一些特價品，如果消費者不是很在意流行當季的話，這些商品的功能都是很不錯的，例如說抱枕、馬克杯，都可以買到很經濟實惠的東西。倘若在意季節感與流行性的消費者，也可以獲得滿足，在主題桌可以看到當季商品，價格會稍貴一點點，但是整體來講，價錢還是相當平價。

　　再往內參觀也可以看到其他主題區，換句話說，這裡也有賣餐廚、衛浴、布藝等商品，在店內都有不同區隔，每一區都有主推商品，另外也有一些文具、玩具的搭配，消費者遊逛起來是很有趣的。

　　再者，店家目錄做得很好，可以想見應該同時具備郵購或線上訂購的功能，而且可以看出整個商品面非常完整，超過 100 坪以上

的空間，相對來講是比較大型的店家，專門販賣居家用品雜貨，因而在此特別介紹。

　　想要提高商品周轉率，除了加入季節概念之外，顏色也是很好的操作方式，例如消費者想到上衣是綠色，搭配的長褲就會希望也有綠色的元素，不同色系都會有所差別。放到居家生活用品來看，也是相同概念，我們或許會想到杯子跟杯墊要搭配，但不一定會想到杯子要跟桌布搭配，甚至是桌布跟抱枕搭配、抱枕跟床後的窗簾搭配，整個一套的概念，其實它可以一直無限延伸，當我們覺得某個空間很棒，某人家裡布置得很漂亮，其實細部觀察就會發現這些東西都互有搭配，具有一致性，人只要看到一致的東西，不管是不是學美術的，就會相對覺得它是有美感的。

營造居家氛圍，讓人感到愜意輕鬆。

時尚運動的商品，像是腳踏車的車鈴，或是廚房用品，這裡都找得到。

創造風格，
營造生活的美感

　　台灣的居家布置常常會落入一個問題，好像什麼東西都有，問題是完全不一致，混搭是需要功力，最常看到台灣居家中破壞美感的，大多是廉價的塑膠製品，因為我們捨不得丟，它可能是哪個百貨公司的贈品，或者是以前小時候用的東西，因為它沒壞就繼續留著，所以經常看到在餐桌上，出現已經使用多年的某某農會敬贈的一個盤子，或是筷子明明就已經斷了好幾雙了，然後就會同時出現好幾組不同的筷子，爸爸跟姊姊用的筷子都不一樣，很少人用成套的餐具。

　　有些人會說成套餐具要等請客才用，可是有些台灣人即使請客，也不一定會使用成套餐具，方便可用就好，或許大家根本不會想到說一個人需要多個杯子，夏天跟冬天使用的馬克杯材質有別，例如歐洲人不會拿馬克杯來喝水，因為它是拿來喝咖啡的，咖啡有咖啡杯、茶有茶杯、水有水杯、紅酒有紅酒杯。如果拿紅酒杯來喝汽水，拿馬克杯去喝茶，拿咖啡杯倒氣泡水，對於歐洲人來講，是一種沒有品味的舉止，就連個杯子都有功能上的區隔。

夏天的顏色和秋冬果然不一樣，店內充滿著春天的氣息。

更何況還有風格的問題，例如說我很喜歡時尚的東西，使用的東西都是所謂的金屬類，家裡布置的都是不鏽鋼、鑄鐵的材質，可是杯墊卻突兀地使用木頭材質，或者是桌布上面還有亮片，當這些東西是有什麼、拿什麼搭在一起，這個不叫混搭，而是混亂。

所以，當我們談到「美」這件事，會發現歐洲的店家或居家呈現，為什麼他們會充滿美感？其實就是有所取捨，把自己的風格抓出來了以後，有些不適合的東西可能就要收起來，等到合適的時候再拿出來用。只是一般人的習慣就是有用就好，所以這種居家用品店看起來很有美感，但是擺在自家設計的時候，通常很難落實就是這個原因，這是很可惜的一點。

從鄰近國家日本來看，為什麼覺得日本雜貨很漂亮？它其實不外乎「分類」跟「換季」，就是把握這兩個原則。

如果把不同類別的東西全部混在一起，怎麼會協調呢？再來不換季，怎麼會好看呢？這個可能是我們必須細細思考的一環。

| 1 | 2 | 3 |

1. 園藝是德國人生活的重心，花卉用品也是賣場的主打商品。
2. 床組和家具，同樣當作銷售重點。
3. 比較屬於戶外型的餐桌擺設，在這裡也完美呈現了。

3-16

REWE

連鎖超市

x

用光線營造朝氣與活力

REWE 的貨架陳列，真的很「德國」，
整齊、清爽，又明亮，在管理層面下過
功夫，對於整齊乾淨的標準寸步不讓！

不妨停下腳步，喝杯咖啡

德國這家連鎖超市，給人感覺就是充滿朝氣。從紅底白字醒目的招牌開始，不管是附設的咖啡輕食吧，還是進門迎賓的陳設，都是如此！

由於德國超市相當多，而且都經營得很不錯，看到 REWE 時，仍然給人「想要進去瞧瞧」的感覺。它的燈光與陳設，屬於比較溫暖明亮的風格。換言之，也算是比較偏向現代風，同時很少看到大喇喇的促銷海報及量陳（大量陳列），也可以說走氣質風。

門口的花卉區，就是氣質風的證明，應該很少有超市把花卉擺在進門處吧？又不能吃，又不能用的品項耶！可是就是因為這樣，才更讓消費者想走進來逛逛喔！

REWE 在燈光上也相當用心，很多光線分區營造，而不像廉價的超市，所有燈光都一樣，打在任何商品上也就少了特別之處。

於是，REWE 在食物及生鮮區的部分，可以看出有所區隔，連收銀結帳區域，都可採用柔和燈光，真是相當少見的佈置方式，一方面是整體氣氛的塑造，另一方面正好連結輕食區，也很容易感受到「已經買完東西，但是不妨留下來喝杯咖啡」的消費情境！

◀寬敞門面，更顯出時尚感。

德式貨架陳列，
整齊、清爽、明亮

其實仔細看 REWE 的貨架陳列，真的很「德國」！

意思是就算是大量陳列，也是整齊到讓人懷疑是否用工具來堆放？再從零售業的角度來看，反過來想，是否太沒有人氣？沒人買嗎？想必也不是，而是在理貨的管理部分，有下過功夫，把管理正確落實，對於整齊乾淨的標準寸步不讓吧？

正好碰到巧克力的大檔期——復活節，巧克力貨架區自然非常壯觀，在最容易被孩子翻找的區域，也還是相當整齊，確實難得。

麵包是德國人的主食，自然在超市也是重點區域之一，和生鮮一樣佈置得清爽明亮。

由於 REWE 的營業面積都不小，所以在購物中心內，都被當成主力店來看待，而且不管是指標還是通道，可以看到完整的指引系統，可說十分貼心。

外部附設輕食餐廳。

| 1 | 2 |
| 3 | 4 |

1. 入口的花卉區域。
2. 整齊的糖果量陳。
3. 明亮的沙拉果汁冰櫃。
4. 豐富的麵包區域。

Chapter 4　零售管理萬花筒

行銷人要懂的市場洞察

4-1

「帶路雞」陳列道具多樣化
x
刺激購買慾的小設計

零售業有俗稱「帶路雞」的做法，就
像一隻雞帶著其他雞群覓食一樣，讓
人願意把東西一起帶走。

大量陳列，
重點在有趣

一般零售的商店經營，經常在店口或進門顯眼的地方，例如一張桌子上，放置一種或數項特價商品。這種特價商品，可能是低價到似乎不用考慮就可買，例如台幣 39 元，或是日常用品基本款，讓消費者立刻覺得相當實惠，不買可惜！

這種安排出來的商品，零售業俗稱為「帶路雞」，就像一隻雞帶著其他雞群覓食一樣，透過消費者想買這個，進到店裡面結帳，因此有機會看到其他商品，更可能順便加買其他東西。

但這類商品又該怎樣陳列呢？一般多為大量堆疊式陳列，零售業稱為「量陳」。

有時候因為堆積如山，看起來反而倒胃口，消費者會想：「什麼商品剩下這樣多，大概是別人都不喜歡買的吧？」既然以快速銷售為目的，又很難特別要求陳列得很美觀啊！更進一步說，追求美觀之外，重點要有趣！好看，又有趣，就容易刺激消費者的購買慾。

店門口立柱型的排列，這是非常吸睛的做法！

◀兩層式的網籃堆疊型量陳的方式，對於特價品來講，很能讓消費者感到興趣。

量身打造，
因地制宜的設計與變化

對於連鎖店來說，全部店面應該使用一致的道具，若是幅員遼闊的地方，至少也要區域一致。因為訂作道具，一次差不多要幾百或數千個，只有連鎖店才有一定的經濟規模。

設計這些陳列道具，其實是一項非常專業的工作。首先要瞭解到的是，自己經營什麼樣的商店，裡面商品的大小、輕重和範圍。

舉例來說，如果是美妝店，大部分物品是一個個小盒子，重量可能不太重，所以陳列道具，就不用設計成「非常粗勇」的樣子，甚至某些時候，採用硬紙板也可以變成很棒的道具設計。

若是有居家擺飾，也有棉紡品的雜貨店，部分商品可能佔用面積很大，根本不適合擺放門口，因此換成馬克杯，那麼道具就不可設計得太過輕盈，一方面載重不夠，一方面萬一風吹倒了，可是損失慘重啊！

以下是德國一些比較特殊造型的道具，的確相當吸睛，頗具參考價值，例如美妝店門口，帶有品牌形象的小立櫃，一看就知道是自家商品；有的是色彩吸睛像賣糖果一樣的立柱；或是一到多個組合而成的展架，視當期聯合促銷的商品多寡而靈活運用。

連鎖店則會根據不同季節做出差異化的呈現，例如換季促銷的時候，可能在門口玄關擺上熱賣品，就像帶路雞一樣，希望客人走進來買東西，但是在新品上市時，又會換上另一批不同的陳列商品。

我的做法通常是在全國店長會議的時候，提供一個 guidebook 告訴店長們：「如果店門口是何種狀況，可以如何布置……」同時實際操作給店長們看，他們可以根據自家店因地制宜去做設計與變化，因為除了獨立門市外，有一些是在百貨公司裡面的駐點。

如此一來，帶路雞才能真正發揮「帶人進門」的效用！

1	2
3	4

1. 漏斗形狀的陳列架能夠放的東西有限,但是某些商品放進去,其實非常吸睛。

2. 美妝用品的品牌在店門口會用專屬貨架,以這種型態的貨架來講,雖然只能陳列一些小物,卻能充分表現品牌的形象。

3. 這樣的顏色與布置,對於一些促銷品來講,需要比較完整的呈現,但是這種鐵器貨架可能不太適合海島型氣候(容易生鏽)。

4. 各種型態的帶路雞貨架,可以看到各種不同的商品呈現方式。

4-2

商業街的塑造
x
自然和人為的密切合作

開發新的商業街，不是官員坐在辦公
室畫出來就形成，而要根據原有人潮
流動，消費習性等，在合適的地方加
以設計。

商店街的
形成要素

　　喜歡逛街的人一定很好奇，喜歡去的商業街道，究竟是怎樣形成？是自然衍生，還是刻意塑造的呢？

　　原先當然是自然形成，例如交通要塞、人潮聚集的地方等，所以火車站附近就會出現整條商業街。台灣大鄉小鎮的火車站附近，不僅有熱鬧商業街，而且大多冠上「三中」路名：中正，中山，中華。後來，捷運站似乎也成為商業街道的催生標的。

　　然而，隨都市計劃的興起，政府加以規劃或輔導來塑造新的商業區塊或商業街道。其實，要想成功發展商店街，兩者兼具才可以。換言之，新的商業街千萬不可由官員坐在辦公室當中，隨手畫出來就可以形成，而要根據原有人潮流動，消費習性等，在合適的地方加以設計。同時還需要部分公共設施的配合，然後找到足夠關鍵的商業單位或廠商進駐，才有機會形成一條既有規劃又有實際人流的商業街道。

◀這一條商店街完完全全像是精品大道，由政府統一規劃陳列的櫥窗，讓旁邊的精品店可以把商品放到櫥窗裡面，吸引過路人的眼光。

重點不在寬，
而在左右逢源

一條熱鬧的商業街道，當然不可以太窄。如果只有兩線道，像早年很多舊市區的商業街道，到後來若因為人流車流太擁擠，想要有活路，可能只好改為行人徒步區才有機會，就是因為汽機車成長數量龐大，如果只有兩線道，那還真的常常堵在車陣中了。

那麼就把馬路拓寬一點吧？但可千萬別太寬喔！

40米的林蔭大道，看起來雖然美麗無比，但商業氛圍可就起不來了。正因兩邊街道不能互通，左邊看不到右邊店家，右邊的人潮也無法感受到左邊的熱鬧。

德國首都柏林有一條精品大道，兼具自然形成和政府規劃。一個本來也算熱鬧的商業區域，挑選出一條整齊的道路，以巴黎香榭麗舍大道為目標，卻只取其精品街的精髓，不要連接凱旋門那種歷史包袱與壯闊。簡單來說，就是不用像巴黎香榭麗舍大道那樣寬敞啦！

因此，形成了所有一線品牌都進駐的熱鬧景象，加上兩側基本上是被管制的老建築，很難另外做外觀形象塑造，更不可以做個燈塔、燈柱、大招牌，反之也就保留了歐洲城市的古老特質。

但是為求美觀及氛圍的管理，政府在人行道上，設立了精美的形象櫥窗，給旁邊的店家使用。有的放置形象 Logo 燈座，有的大手筆放上當季新品，真的把它當作櫥窗運用。其中不屬於精品類的不動產公司，也把售屋廣告放在這樣的「櫥窗」內，仍展現出一定美感。

這真是相當優異的創意作法，既能維持一致性，又可以各有發揮，美輪美奐。

1	2
3	4

1. 充滿歷史建築物的街道，經由精品的引進以後，不只提升了質感，採用玻璃形式的櫥窗作為展示點，更可以提高整體的商業氛圍。

2. 精品店當中也夾雜了不動產管理業者，同樣也把櫥窗裝設得美輪美奐。

3.4. 以 Tommy Hilfiger 為例，在角落有一家旗艦店，但是外面的櫥窗只放品牌 Logo 而已，並沒有放商品，就足以彰顯特色。

4-3

購物中心的休息椅
x
免費座椅大有學問

百貨公司通常因為重視坪效，基本上
根本找不到免費座位，有的只把免費
座位，安放在洗手間門口……

誰需要
免費座椅？

經常逛街的人都知道，逛一逛之後，就會覺得累，當同行的先生、男友，或是一起來的其他家人會覺得無聊，甚至常常因此而產生齟齬，掃了逛街的興致。

更進一步地說，就算是姊妹淘一起逛街，也難免會有人對其中某家店的商品非常喜歡，流連忘返，而同行者已經不想繼續，走到好幾家店外去了。

這時的解決方法，當然最好找個咖啡店或飲料店坐一下。一方面累的人可以休息，一方面「解散之後」方便再一次集合，總要有個「根據地」。如果，有免費的座位可以稍坐一下，不是更好？總不能一直找咖啡店吧？

百貨公司通常因為重視坪效，基本上根本找不到免費座位，有的只把免費座位，安放在洗手間門口。

換成購物中心，狀況似乎好一點，在樓梯轉角，甚至店與店當中的人行步道區，會有一些免費座位區供使用。但是，一旦免費座位區多了，可能引起商家的抗議，覺得因為休息區，阻礙了原本想利用餐飲店座位來休息的客人。

台北火車站的大廳空間，究竟要不要放座位，一直是很多人討論的課題。特別是樓上原為一直做不起來的商業空間，如今微風廣場把二樓美食街經營得紅紅火火，似乎就比較不會有問題。然而，還是覺得不放休息座位比較容易管理，這當然是公共空間的個別考量，不容置喙。

◀ 從另外一個穿堂來看，這樣子的休息椅到處都是，一點都不怕你坐！

待得越久，花得越多

　　講回商業空間，過去真的挺難看到商場特別規劃消費者的休息區。然而，根據最新消費行為觀察，卻是「待得越久，花得越多」，根本不需要擔心提供休息區，會讓不消費的客人不走，或因此減少餐飲消費。

　　這也是最近便利商店，一直不斷加大營業面積的主因。固然網路上有很多人提到，經常見到不消費而佔位的奧客，但整體來說，畢竟還是少數。

　　這次的歐洲之旅，更發現一個奇特現象，商業空間在沒有產生坪效休息區域的規劃，真的非常棒。例如德國柏林購物中心，在寬敞的走道上設立了休息區，高檔品類的專門店門口，甚至安放整組沙發，而不是幾把塑膠椅子，講究的程度，有點讓人吃驚！

　　如果你以為只是因為在精品區域嗎？並非如此。看看半戶外區，從連通兩棟大樓的挑空往下望，白色椅子坐了不少人，這居然都是免費座位，並沒有任何「非消費者禁止使用」的標誌。

　　重點是，旁邊可看到有間咖啡廳，緊貼著免費座位區營業。它們也放了一些客席在半戶外區，看來店家對自己商品和服務頗具自信心，不擔心有那麼多休息座在此，就沒生意可以做。

　　其實，留客越久，消費力越強。

　　所以，經營零售業者，不管是哪種業態，可以不用擔心有位子坐就不消費的問題，而應該回歸究竟消費者的需求是什麼！

| 1 | 2 |
| 3 | 4 |

1.2. 柏林最大的購物中心，可以看到廣場上有很多漂亮的休息區，這些都是免費使用。重點在於旁邊一樣有座位區的咖啡店在經營，卻不會讓人覺得提供免費桌椅會影響店家生意。

3. 在購物中心裡頭遊走，很少會有這麼漂亮、有質感的皮質休息椅，提供消費者使用。

4. 另外一個角落的休息區，就好像家中的沙發椅被搬到購物中心裡頭了。

4-4

購物中心基本款
x
有造景的遊晃空間

用最簡單的話來說，Mall 的字義，是
加了頂蓋的商店街，兩邊仿古舊建築，
當中加上頂蓋，就是德國基本款的購
物中心。

加了頂蓋的
商店街

什麼是購物中心，什麼又是百貨公司？

說起定義，總要說上一大段，加上台灣零售業，常把這兩者混合經營，也搞混了消費者。

用最簡單的話來說，Mall 的字義，是加了頂蓋的商店街。

兩邊仿古舊建築，當中加上頂蓋，就成了 Mall，也是德國基本款購物中心的樣貌。

當中採光良好，有造景，有遊晃空間，有水紋設計，兩側都是商店，且各擅勝場，除了幾家餐廳，角落更有大型主力店家支撐基本來客，後面則附有停車塔。

這樣的基本款，在歐美國家可說有幾萬個吧，用以滿足一個小城區的所有生活所需！

◀更大型一點的城市，可以看到建築物雖然樣子不一樣，但通常兩側都有建築物，中間有一個中庭的形式。

歐美各地的標準或
是基本的購物中
心,大概都是這樣
子的形式,兩邊是
建築物,當中有一
個頂蓋。

兩旁建築物,當
中頂蓋的方式,
可以讓購物中心
裡面的採光變得
非常明亮。

在建築物裡面遊
逛的走廊也相當
寬敞,設計成一
個迴廊一般。

| 1 | 2 |
| 3 | 4 |

1.2. 兩旁建築物，當中頂蓋的方式，可以讓購物中心裡面的採光變得非常明亮。

3. 既然是兩棟購物中心當中的穿堂，就必須呈現出挑高的氣勢與美感。

4. 這種類型的手扶梯是為了推車而特別設計，代表上方或下方一定有量販店的存在。

4-5

專業招牌維修
x
門面這件大事馬虎不得

店招看起來不痛不癢,緊急程度比不
上店內唯一的廁所不通。
但是就管理及品牌角度來說,店面招
牌就是十萬火急的事情!

招牌維修
該歸誰管？

記得以前在零售業工作的時候，對於招牌管理，要歸屬哪個部門，曾經有過一些爭議。

當時招牌維修需要由專業工程人員做，全台灣都有店面的情況下，不可能在總部設置專屬工程人員跑完全部。萬一這週在苗栗做新的店面，隔兩天台東店招不亮，該怎麼辦？

正因為招牌管理維修在工程部門，所以，就需要排定時間處理，不可能一有問題就立刻解決，爭議於是因運而生。

店招，可是一家店的門面啊！不是哪部冷氣壞掉、地板突起，或廁所水龍頭關不緊之類的，晚幾天還可以忍受的問題。

舉例來說，當時生活工場台大店的目標明顯，只要一有燈光不亮，就會接到各種反應，從店內營業人員到忠實顧客，甚至還有協力廠商經過，還會特別打電話到總公司反應一下，加上其他員工和員工的家人朋友，經過那個路口，看到招牌有一個字不亮，電話就等著接不完。大家的好意提醒，卻造成工程部門的困擾。

這時工程部門總不能說三天後再去維修吧？假使三天後還是沒動靜，反應者心裡肯定想：「這個品牌真不可信任，招牌壞了怎麼不處理？反應了『好久』了耶！」

當然也不可能因為台大店，所以不管原來表訂安排到哪，立刻搶修，或是位於東港店可以排三天後吧！難道東港就真的比較不重要？那下次虎尾店呢？誰要先修呢？

總之，營業部門和工程部門，因為這些事情的溝通而產生齟齬。

店招看起來不痛不癢，緊急程度比不上店內唯一的廁所不通。但就管理及品牌角度來說，店面招牌就是十萬火急的事情！

◀ 燈箱只要一沒有維護，反而會呈現商品不好看的一面。

店招不蒙塵，
美感不打折

當商場店鋪熱鬧開幕後，店鋪招牌該怎樣清洗呢？

假使在台灣，還要特別注意颱風季節前後的保養與管理呢！很多因為颱風的招牌吹落而釀災的新聞，甚至牽涉到人身安全，確實不可掉以輕心。

除了安全與辨識度外，清潔本身也是一個環節。很多百貨公司的停車場，都會看到一些燈箱片，照得地下停車場亮晃晃的。但是，一旦缺乏清潔，上面通常蒙上一層灰，不管是宣傳什麼內容，再也感覺不到吸引力了。

有時候到了3月天，還看到慶祝跨年的活動燈箱片在上頭，若沒有標誌年份，可能使人誤會：「哇！你們跨年還提早了9個月宣傳呢！」

因此，當品牌廣告做成燈箱片後，一定要知道，隔多久就要把面板擦拭一次的後續作業。

這些後續處理，一樣是品牌形象的一部份。如果店招蒙塵、燈管不亮、燈片有折　或破損，恐怕比想像中的影響更大。

圖片中可以看到德國一家連接飯店的商場入口，大型機具把整個招牌字母一一維修，以及路邊的圓柱燈箱廣告，顯見專業的清潔維護作業，使整體零售市場的美感不打折。

大型機具定期清洗店招，
卻必須耗費更多保養的
預算，不知台灣的店家
在做招牌的時候，有考
慮到這一點嗎？

櫥窗上的店招及文宣也需要管理，像是照片中的人員正在專注地更新窗貼。

4-6

結帳櫃檯前的促銷
x
「牧羊犬」的臨門一腳

放在結帳櫃檯附近的，一般是所謂「衝動型購買的商品」，看起來還不錯，那就順手多帶一個吧！

順手拿，
提高客單價

　　如果放在店門口吸引客人拿起的第一件商品，被稱為「帶路雞」，那　在結帳櫃檯附近，讓消費者最後放在購物籃裡面的商品，可以稱作什麼？我把它比喻成「牧羊犬」，一定要把最後一隻羊也趕進去的牧羊犬。

　　放在結帳櫃檯附近的，一般是所謂「衝動型購買的商品」，看起來還不錯，那就順手多帶一個吧！因為價格便宜，或是體積小一點，不小心多買一個也沒關係。再者，因為結帳需要排隊，需要一些等待時間，所以多拿個口香糖和小零食也可以。

　　進一步來說，連便利商店在結帳櫃檯上都可能放個小籃子，裡面擺一些清涼糖果，只要收銀員勤快地多問一句：「這個在促銷，要不要順便買一個？」往往不知不覺都把客單價（每一個客人結帳的金額）提高了呢！

從這個角度看，需要經過好多個貨架，才能到結帳櫃檯，無形中讓消費者接觸好多商品。

◀結帳櫃檯前，要擺放些什麼呢？以這家店鋪來看，放了一些零食與當期雜誌。

神奇 S 曲線，
讓人一起排隊埋單

這是德國一家百貨公司的結帳櫃檯，像是放大版的快時尚店，不是我們習慣上那種有很多專櫃、很多售貨員服務，而是自己拿完商品統一到櫃檯付錢。

舉例來說，看起來是一整個樓面的女性服飾，分成很多不同品牌，但是每個品牌沒有專屬的售貨員，消費者可以自己拿貨架上的衣服自由試穿，旁邊的服務人員會在你需要的時候才會出現，所以選擇的自由度很高。

快時尚的概念，可以同時試穿很多家的衣服，試過之後只要放在試穿區即可，自然有人負責整理和歸位。

每個樓面有一個大櫃檯負責結帳，若同一樓層有不同類型商品，則會依照類別設置不同大櫃檯，例如文具或家飾就分開進行。

因此，櫃檯前就有神奇的 S 曲線，方便消費者排隊，不必用紅龍拉繩區隔動線，像是 H&M 一樣，把很多小物放在這一區，只是商品範圍更大一些，包括電池、沐浴乳，連不在服裝區的小文具也可能出現。

無論如何，就是使消費者最後還可撿一兩件小東西，牧羊犬趕進最後一隻羊，打包埋單！

| 1 | 2 |
| 3 | 4 |

1.2. 這樣子靈活的貨架擺放方式，可以隨著人潮做不同的更改，但是目標很清楚，就是希望消費者在結帳前，再多拿一件商品吧！

3. 很多快時尚店在結帳前都有一個 S 型的走道，一些簡單的沐浴洗劑會放在這個地方。

4. 結帳櫃檯前的小物，電池、筆類、皮夾、髮飾都很常見。

4-7

窗貼的運用
x
一撕一貼都是功夫

window shopping，即所謂的櫥窗購物或
櫥窗前遊逛，經常可見商家把櫥窗做
一個布置，上面貼了一些圖案，通常
稱之為窗貼。

如何貼？
怎麼撕？

有一大片玻璃牆或櫥窗的店家，相信對於窗貼一定不陌生！

每逢節慶活動和促銷檔期，都會用到這個區塊，連鎖店也會用整體櫥窗設計，使每間店有一致形象。然而，實際執行起來就有難度，貼起來效果怎麼樣？貼得好不好？誰貼？容易維護嗎？容易破壞？容易撕下？都是大學問。

在德國看到銀行僱用專業人員貼窗貼，也處處可見玻璃門上的好設計，也有貼起來不平整的情形，也許是難度太高、總部指導不力，卻影響了店面形象。

消費者在做 window shopping，即所謂的櫥窗購物或櫥窗前遊逛的時候，經常看到商家把櫥窗做一個布置，上面貼了一些圖案，通常稱之為窗貼。大部分窗貼的功能是促銷，例如：「週年慶全面8折」、「換季出清」、「春季新品上市」，店家會把訊息貼在櫥窗上，窗貼內容則跟著檔期變化。

從事零售業的人應該很清楚，窗貼其實很難貼，好窗貼必須要好操作！

正因窗貼的範圍通常很大，特別在櫥窗或某個透明玻璃面想做一些裝飾的話，一定需要大面積，在電腦上設計出來，接著發給窗貼廠商製作都還容易，可是到了現場要貼的時候，才發現相對困難！

如何才能貼得好、又漂亮呢？或者是如何貼，才能達到想像中的效果？其實考驗著零售業者的功夫。

以台灣連鎖店來講，北起基隆，南到東港可能都有門市，但是櫥窗大小都不一，不太可能因為不同櫥窗，客製化製作每張窗貼，這樣就沒有「量」了，所以窗貼的設計對於零售業者的總部來講，從製作到現場張貼，可能都是一項挑戰。

◀有一個邊框型的北極熊，在窗貼裡頭算是比較高難度的運用。

窗貼設計和張貼，
處處是專業

因此，我在德國看到這幾個窗貼的例子，發現貼窗貼的時候需要完整黏貼的過程和黏貼工具，包含了清潔布、刷子、噴霧、量尺等，例如說一間銀行的外觀，預計做一排窗貼，負責貼的人在完整的工具輔助下，才有可能把它貼得工整美觀。以此可知，貼的人本身就得具備專業度。

簡單來講，首先窗貼必須容易拉直，如果很難拉水平跟垂直，一般人很難貼得好；第二是範圍不能太大，一旦太大，貼起來的時候只要前面歪一點點，後面整個就歪掉了，但是又不能太碎，一旦弄得太碎的話，就產生接縫問題。因此，窗貼的設計也需要專業性。

我們也常常碰到貼得很失敗的例子，有一種設計是把窗貼做成長方形或正方形，裡面一部分有字，一部分呈現透明，遠遠看的時候，就會覺得是鏤空貼在上面，缺點則是不能近看。

照片中可以看到有家購物中心的門口，貼了一隻北極熊的框，這是困難極高的窗貼，應該是發包請專業人士幫忙貼好。換句話說，窗貼發包有兩種，一種是做出窗貼，然後讓營業人員自己貼；還有一種是一整套服務，連張貼都由專門人士負責，例如有些旗艦店或大範圍戶外的窗貼，大多發包給專業廠商負責處理。

但是一般連鎖店不可能使用這種模式，不會有一個廠商可以幫忙從北貼到南，所以還是需要由自己和員工自行張貼。談到窗貼的運用，看起來容易，可是實際上有非常多的環節要注意。

有時候擔心窗貼不容易貼好，單純只有字型的話，底部大概都會襯以透明模子，方便營業人員在貼的時候，可以容易對齊。

可見度與容易度，適時適地

再談到可見度，電腦設計出來的效果是一種美感，可是實際上，放回櫥窗上，到底要近還是遠，可就大不同了！

舉例來說，當消費者走在騎樓下，很靠近櫥窗，這時的窗貼不宜做太大，否則只有對街的人才看得清內容。如果今天是在廣場、寬廣騎樓，或是一家購物中心裡面，窗貼可能就得做大一些，讓遠一點的人看得到。窗貼會因功能性與高低位置，而有好壞與否的差異。

德國人做事嚴謹，大部分的窗貼都貼得很好，但是我也看過貼歪，或是貼不齊的狀態。零售業在管理、維護層面，窗貼可說是非常重要的一環。

有時候窗貼也會把整個櫥窗包起來，尤其在換季出清拍賣的時候，店內已經一片混亂，因此貼滿窗貼，可以遮掩店內混亂的狀態，這種整片的窗貼通常也是發包給專業廠商處理。

既然貼上，就會有卸除的問題，零售業常常使用「R膠」，意指方便撕下來的程度，通常特殊的膠質方便黏撕又不留痕跡，相對上價格就較為昂貴。窗貼不能像便利貼一樣，一撕即掉，如果檔期長達數天到數十天，後面該怎麼辦呢？

但是也不能夠太難撕，貼上去很漂亮，撕下來卻要花費很多力氣，甚至刷洗半天，造成營業人員的困擾。因此，容易貼，簡單撕，又沒有殘膠，就需要多一些費用。

我看過歐洲人把窗貼設計在櫥窗底部，呈現出春天的綠意，它的特點在於隨你怎麼貼都好看。如果將草坪分開來，整體感覺錯落有致，要是貼得重疊一些，即呈現濃密感，櫥窗內不管放什麼東西，都會呈現春意盎然的氣氛。

相較之下，這種窗貼設計容許比較大的誤差，營業人員也樂得輕鬆！

Teddy-
land

4-8

戶外招牌的保存與創新
x
營造渾然天成的美

我們常看到形象商圈的規劃,把店面
招牌變成一致,以改善雜亂的招牌問
題,可惜就會變成一致的難看……

10

融入環境，
讓美渾然天成

歐洲很多的美麗，可說根深蒂固、渾然天成、垂手可得，從戶外招牌的設計，也可以的看出來。

我們常看到形象商圈的規劃，把店面招牌變成一致，以改善雜亂的招牌問題，可惜就會變成一致的難看。招牌的好看或許需要設計，但和整體環境的融合，才是更大的學問！

德奧的古城很多，招牌卻能巧妙融合其中，連麥當勞都能毫無違和感，值得參考一番。

這裡介紹的戶外招牌屬於歐式，採鍛造、鐵柱、雕花的材質製作和設計，我相信到過歐洲旅遊的人都會感受到美麗的招牌，每一個看起來都極具特色，奇怪的是相當一致。

除了當地文化、美感之外，我相信和氣候也有關係，假使在台灣的話，這種鑄鐵細絲材質可能過不了颱風，更不用提美感的培養和感受。

歐洲人運用傳統文化元素，融入古老的城堡、教堂前的漂亮雕花，呈現出別緻的店招，又能展現主題特色，舉例來講，招牌上有一隻螃蟹或一隻魚，就知道是家海鮮店，或是理髮店呈現出一把剪刀，不光是美，還有實際功能，可說傳統和創新的完美融合。

不管是施華洛世奇旗艦店，或是隔壁麥當勞，都能毫不突兀地擺上新的 Logo。

有些設計只適合同一類東西，別的東西擺上去就顯得格格不入，但是像這樣子的戶外招牌，不僅充滿歷史感和文化氣息，還能夠保有獨有風格，真是賞心悅目。

◀雖然旁邊被樹枝遮到了，但還是阻擋不了這家店用鑄鐵呈現店招。

商家自覺和政府輔導，
兩者相輔相成

對於歐洲人來講，他們自覺到招牌不宜太雜亂，加上政府的輔導跟管理，才能共同維持這份美感。在德國，如果想要把自家外牆換一個顏色，還必須鄰居們都同意才可以動工！

換句話說，不會有一個人突然覺得圍牆想漆成紫色，就逕自漆成紫色，鄰居如果覺得紫色在社區中太過突兀，就有權利反對。因此，除了人的自覺，也包含了管理層面，兩者可說相輔相成。

中國大陸有種單位叫做「街道辦」，就是街道的辦事處，這個街道辦負責管理店家的外招和牆面，假設今天要做一個比較奇特的招牌，街道辦有權力反對。人為管理的優點是不會出現突兀的東西，但是缺點可能是保守呆板。

舉例來講，台灣人開的百腦匯 IT 賣場，在中國大陸的某座城市想把 Logo 的標準黃色漆在外牆上，結果街道辦就反對，他們覺得一大片黃色是視覺污染。我們花了很多力氣跟他們解釋說明，而且在其他城市呈現並不會過於突兀，並附帶因應的配套措施。

回過頭來談歐洲的戶外招牌，我相信以麥當勞也願意融入當地，不採過往一塊壓克力招牌，正是店家的自覺。同時，城市可能也有相關規範，當大家都用鑄鐵材質，就不會同意放置一個帆布或壓克力的招牌在那邊，否則就顯得奇特。

商圈共榮，
新舊融合與創新

再講回台灣，有一些鄉鎮想要做形象商圈，招牌卻用一種非常簡單、粗糙而無效的方式——長得一模一樣，認為這就是一致？

舉例來講大溪或九份老街，我們發現那樣子的招牌做出來以後，所有特色都不見了，因為它把所有東西框在一起，且只能做直

| 1 | 2 |
| 3 | 4 |

1.2. 可以看不懂文字，但看到這條魚就知道是賣海鮮的餐廳，店家把鮮魚與龍蝦作為招牌主打。

3. 德國小鎮的商店外面，經常可以看到類似這樣子有雕花裝飾的招牌。

4. 不管你是什麼行業，都可以用這類的鑄鐵雕花的招牌，來呈現自己的品牌特色。

1. 這是另外一家商店,不同的商店設計出來的東西,看起來居然有一致性。

2. 一家旅館的店招。

3. 融入當地特色的麥當勞店招。

式，放幾個字在上面，既沒有美感，又沒辦法達到一致性，整體看起來還是很亂，失去了招牌的效果。

招牌用來告訴消費者——這是一家什麼樣的店、有什麼樣的歷史、有什麼樣的功能、能提供怎樣的服務？然而，台灣的招牌三個功能都沒有達到，不是剛好和歐洲招牌恰恰相反嗎？所以，對於招牌的管理與做法，其實還有很大的進步空間。

當我們談及美感的時候，很多人會認為美感很主觀，其實不然。

美感沒有一個特定標準，因此很難達成共識。然而，所謂的美感和一致，代表有一些勢必要被犧牲、妥協，比如說招牌不能夠太大，或是不能使用某一種材質，可能對於某些人來講，認為就限制了設計自由，這是台灣目前比較大的一個問題。

所謂的「自覺」，就是我們不喜歡做別人不喜歡我們做的事，這需要學習。

別的不談，就談商業模式來講，什麼叫做「商圈共榮」？就是我的店好、你的店也好、他的店也好，大家才可以一起更好，不是只有我好而已。

所以從戶外招牌來看，正是一個至為重要的關鍵，我們如何讓整條街的招牌各有擅長，又能夠各有特色，就是一個大工程，而不是只有我自己好而已，還需要大家一起努力改進。

當歐洲開始流行與使用這種傳統式招牌，美式企業如星巴克或麥當勞想要進入歐洲城市，就需要進行融合，呈現一種新舊交融的創新模式。這種戶外招牌講求一個共通點，同中求異的美感，交織成眼前的美麗風景。

4-9

玄關布置與設計

x

彷彿在說：「我們歡迎你！」

店門口的桌台陳列擺放菜單、季節新
品，甚至只是間小服裝店，一盆小花
即代表歡迎：「我們營業中，請進！」

空間轉換，
塑造迎賓情境

店門口放些促銷小物吸引客人，是很常見的作法，雖然只是一個端點概念，卻很關鍵，這像玄關，使客人在店裡店外之間，有個空間轉換。

德奧是重視生活品質的國家，在家門口的小情小趣，延伸到店門口也很精采。這樣的佈置，以餐廳門口最為常見，上面可能有店卡、桌台陳列、菜單等，或是銷售香氛洗浴的店，門口有些季節新品，甚至只是間小服裝店，一盆小花即代表歡迎：「我們營業中，請進！」

我們通常認為家裡才有玄關，一個「經過空間」，不太會有人停駐在那裡。家裡的玄關是戶外跟室內之間的一個緩衝，因此它的布置相當重要，回家或出門，可以在此轉換心情。回家時，在玄關脫掉鞋子、放下背包，可以放鬆心情，趕走一身疲憊；出門時，站在玄關稍作準備，踏出大門以後，表示一天正式啟動，準備上戰場打仗或與他人互動。

反過來看，一家店需不需要有一個玄關？玄關亦即一個門面的概念，家裡面可能有個地墊寫著 Welcome，店內則表示：「人客，來坐啊！來坐啊！」歡迎大家造訪。

從某個角度而言，玄關布置能使心情獲得寧靜，如果今天是一家餐廳，玄關布置得好，大家站在這裡絕對不是只有訂位、候位，還可能從這個玄關開始，心情有了轉化，原本外頭是令人煩躁的豔陽高照，進入餐廳以後，輕鬆愜意的美食享受就要展開。

◀餐廳可以用一個高腳桌子，呈現當天菜單或是飲品，代表歡迎之意。

一間小小的服飾店，兼賣一些小飾品，店家在門口放了一張小椅子，椅子上陳列了一張手作卡片，上面寫著：「歡迎，請進來！」讓人感受到柔和、溫馨。

有的餐廳在玄關放了一個啤酒桶，上面擺了一盆當季鮮花，旁邊有一張今日菜單，當客人經過的時候，看了一眼就覺得：「這家店在歡迎我！」它不是只有被動地等門開了以後，我才是你的客人，經過這家店的時候，就會發現它已經在招手了。

簡單布置，不簡單的心意

玄關布置和設計的重要概念，就是「轉換空間」。

歐洲的美感隨處可見，連店門口的玄關布置，都令人眼睛為之一亮，隨時都可以看見他們的巧思，甚至於有些店因為擁擠，就像普通小家庭一樣，只需擺上一張小桌子，上面覆蓋隨季節更換顏色的桌布，同時放了一瓶紅酒和一只酒杯，就能讓人覺得：「假使來吃飯的時候，配上一杯紅酒，感覺蠻好的！」

如果連擺放一張小立桌的位置都沒有的話，就只有一扇門，雖然一樣可以把菜單貼在門口，就會缺少了一種情境的營造。

玄關布置在於店家想要吸引客人進來，希望客人看到的第一眼印象是什麼？就如同家中玄關一般，希望客人進屋，看到的第一眼是滿地亂放的鞋子呢？還是兩頂沒有收好的安全帽？無疑就失去了美感！

因此對商店來講，玄關就是消費者認識店家的第一步，除了有迎賓的效果，也有轉換心情的作用，對於店家來講，也有招攬客人的作用。因此，玄關布置絕對不亞於櫥窗布置。

| 1 | 2 |
| 3 | 4 |

1. 就算是一間小小的服飾店，門口也可以擺設一個簡單的花瓶跟杯子，表示迎賓的熱情。

2. 只有一個愛心的鏤空木板，照樣可以成為玄關的布置。

3. 只用了一支花瓶，加一張簡單的白色桌布，就呈現不同情境。

4. 這家餐廳用木頭加復活節當令的兔子造型，就完成玄關布置。

櫥窗和玄關的
巧妙搭配

櫥窗和玄關的概念近似，其實就是門和窗。

當我們被櫥窗吸引了以後，想要走進去，玄關本身有沒有和櫥窗互為呼應，就相當重要。假設有一個很棒的櫥窗，可是門口卻雜亂無章，搞不好消費者走到門口想一想：「算了，我還是別進去了！」也是有可能發生。

如果櫥窗受限於地形、地物，不見得能有精彩的呈現，光是門口玄關一個小巧思，說不定就會令消費者駐足，好奇說：「這家店不曉得在賣什麼，進去看看好了！」所以兩者相較下來，玄關的重要性更甚於櫥窗，因為它是消費者跟店家接觸的第一步或是第一眼。

還有，玄關在於雙向，不能只考慮到進入，還要包括出去。出去的時候，希望帶給消費者什麼樣的感受，也頗重要。談到美感設計，最後準備離開店家的時候，玄關上可能有一塊招牌寫著「歡迎再次光臨」，或是小小的 tips 提醒「不要忘記隨身攜帶的物品」，而不只是放個傘架就結束，使人備感貼心。

玄關的關鍵不在大小，而是情境布置，最簡單的一個玄關可能是一面小立牌，就算一面小立牌，管理的時候仍需要考慮到，立牌要朝向哪一邊？會不會被風吹倒？有沒有妨礙別人通行？到底消費者看不看得到？從這些細部來講，可能有很多管理的細節可以留意，單從換一塊小立牌，都要讓人感覺到美感才行！

內外一致，
讓風格為品牌加分

談到玄關，還要仔細想一想，希望形塑出什麼樣的店家形象？因此菜單和價格不一定是必備物品，有些餐廳會告訴客人招牌菜為何，或是主打手作甜品。

不管是櫥窗還是玄關都一樣，都要跟整家店的風格一致，先想清楚到底要傳達什麼訊息？因為消費者只有看一眼的瞬間，希望他注意什麼，是情境？還是食材？或是促銷活動？

　　當中則會連帶影響到如何布置玄關，就跟在家裡一樣，希望回家看到的第一眼是什麼樣的感覺？其實就是店家依據自己的地形、地物，再視情況做變化。

　　經營一家店的成本、管理都需要考量，例如玄關只擺一張小立桌，桌布一定要換；同樣地，如果是立牌，則需評估立牌是否可以重複使用，像很多店家喜歡用一種木頭框的黑板，用粉筆手寫字，但重點在於寫出漂亮的黑板字，以及反覆擦拭的時候，會不會變得模糊？

　　換句話說，今天做的任何一個動作都要想清楚，第一，有沒有這樣的條件？第二，後面要如何維護管理？第三，想要傳遞的訊息為何？

　　如果店內裝潢擺飾都呈現時尚感，以黑、紅色搭配金屬風格，玄關處卻擺了一個木頭框黑板，不就顯得格格不入嗎？諸如此類的東西，無法全盤照用，需要考量整個風格的設計與融合，才能找出符合自己店家的需求。

　　同樣地，今天來到一家店，如果店門口和進去後的感覺不一樣，可能也會覺得納悶，怎麼會這樣？內外一致，才能為整體形象和品牌都加分。

附錄

品牌點線面在台灣

零售、流通、商場的創意整合行銷

本輯集結自《流通快訊雜誌》「品牌點線面」專欄文章。

01 從麥當勞調整點餐模式，看消費者行為改變

> 調整點餐結構，麥當勞此舉想要達到的目的，絕對不是「變相漲價」這種答案。

打破模式，所為何來？

不久前，台灣麥當勞調整點餐結構，把行之有年的套餐模式打破。

以往的幾號餐，對於很多忠實顧客來說，幾乎都可以背起來了。這次大動作的調整，勢必影響到之後的消費者行為，影響商品結構，進一步也對營業數字，產生改變。

看到連電視新聞都對這個事件很有興趣，麥當勞的「速食龍頭地位」不言可喻。以這樣的新聞來說，有非常多報導的切入點，可以談「麥當勞是否也改變了經營戰略？」「麥當勞對消費行為的影響？」或「麥當勞是否單獨在台灣採用這樣策略？」或是「消費者點餐模式探討」……可以「小題大作」，也可以「大題小作」，端看媒體屬性及記者報導的深入與靈活。

當然，毫不意外的，不分哪一台的電視新聞，又訪問一堆路人甲乙丙，講一些膚淺而言不及義的答案：「對啊！好像有漲價！」「其實吃太多也不好，我都不給小孩吃。」或是「對我沒差，還是點原來的。」

台灣的電視新聞，因為台數太多，播出時間太長，根本沒那麼多記者編制，加上其他資源的限制，被迫「製造」出很多新聞，所以隨便訪問變成了一定要做的事情，簡直比「網友說」還可怕。因為不僅達不到任何取樣或輿論分析，還透過畫面，變成「真的有人這樣想、這樣講、這樣認為」。

所以，麥當勞此舉，想要達到的目的，絕對不是「變相漲價」這種答案。

拉抬配角，同時提高客單價

根據工商時報資深記者的分析，清楚點出麥當勞目的是「提高客單價」，這是很值得仔細思考的答案。因為透過以往的消費分析，而做出改變，把原先的套餐，改為 A+B 模式，不是把每個選擇都「降低」了金額嗎？大家都「單獨點主餐」，要不要選搭配可以另外選，為何目標是「提高客單價」？

雖然新模式剛上路不久，麥當勞已經透過媒體表示，初步跟預期符合。相信麥當勞做這種調整時，一定經過非常多調研，否則不會輕易實施。那麼，究竟怎樣可以把這樣的方式，跟消費者行為互為因果？

或許可以回顧一下，為何要有套餐模式？不也是「提高客單價」嗎？主餐＋飲料＋薯條，本來要決定三次的，讓消費者一次買三樣東西，就可以提高客單價了。

很多餐飲業，都是用這種模式思考，把套餐當作固定作法，方便備餐，也方便消費者選擇。從客單價一個人3000起跳的高檔牛排餐廳，到路邊早餐店，大家都知道套餐的「魔力」！

首先，麥當勞表示，很多消費者喜歡在點套餐的時候，把薯條換成沙拉。其實，他們的潛台詞，可能是「有的消費者，寧願單點漢堡加上飲料，也不想點價錢應該差不多，甚至還更低一點的套餐。」也就是說，消費者飲食習慣改變，想當然爾要配漢堡的薯條，已經開始逐漸跟漢堡「分手」。

既然要換來換去，不妨乾脆不要把薯條當作必須。那麼，把沙拉放進來不就好了嗎？

答案肯定不是只有這樣。

因為，新的點餐模式裡面，看出來有冰品和單塊麥脆雞，也就是把冰品、甜品控，或食量較大的年輕人，不想一直喝飲料的消費者等，各種不同模式都放進來。從經營者角度看這種作法，可以拉抬「配角」，讓這些商品更容易被看見。

薯條＋漢堡，可以被教育30年，那搭配其他商品的作法，至少值得花三年來試試看吧？

從消費者行為的角度觀察，其實是現在消費者自主性更強、更多元，過往的「固定」，可能使他們覺得僵化，沒有期待與驚喜，乾脆由自己「做更多決定」。當做決定變多，且消費者已經瞭解和肯定該品牌時，反而把更多可能放進來，客單價就有機會提高了。

消費者自己做決定，本來就是很好的品牌試金石。但是，決定到什麼程度，也是需要好好規劃。幾年前有一個競爭品牌的廣告，消費者在櫃檯前面，一直拿不定主意要選什麼，「等一下，我要換……」，還變成一個很大的笑點。

麥當勞應該接下來也會經歷一段，消費者在櫃檯前面「摸索決定」的時期吧。

有家美式餐廳一直採用「很多選擇」的套餐，讓消費者從湯品、前菜，一直決定到甜品。有的消費者選到後來也「覺得煩」，或感到「選來選去都差不多」。

因此，要有怎樣的選擇，才會讓消費者喜歡，還是餐飲業者很難的選擇呀！因此，麥當勞調整點餐模式，還是很值得持續觀察的。　■

02　主題餐廳的投入與產出

> 永遠更換新菜單，反而留不住老顧客？一成不變，那老顧客也會吃膩吧？在變與不變間，就是經營最大的挑戰了。

變與不變，經營者的最大挑戰

消費者應該都是喜新厭舊的吧？在競爭激烈的餐飲業者看來，感受應該更深。

每次碰到有「熱門」的餐飲話題出現，經常就可以看到一窩蜂的消費者趕著嚐鮮。不管是打卡還是排隊，好像不這樣，就跟本無法代表自己趕上時尚。

做一名消費者很容易，這餐吃完換別家，下餐吃完再找新口味。但是，身為業者，恐怕就笑不出來。永遠更換新菜單，反而留不住老顧客？一成不變，那老顧客也會吃膩吧？在變與不變間，就是經營最大的挑戰了。

一般餐廳可以隨著季節或主題，做些陳列上的改變，或是換新桌布餐具等，就好像有了新的氣象。那麼，真正的主題餐廳怎麼辦呢？台灣的老招牌美式餐廳，雖然不是只有星期五有生意，但是，它所標榜的美式風格，陳列道具也不少，恐怕很難做什麼太大的改變吧？

最近才吹起熄燈號的芭比娃娃主題餐廳，也是如此。既然是芭比，開始的時候，肯定以浪漫風格，吸引非常多想要當「芭比娃娃」的女性消費光臨，也會帶上配合陪同的男性友人。然而，時間一久，這種主題是否無法持續有號召力，只能吸引大家光顧一兩次呢？這樣的限制，別說是台北，連在上海的芭比專賣店，也已經關門大吉。所以，主題餐廳，可不是說開就能開的！

主題餐廳的興與衰

主題餐廳的道具與布置，就理論上來說，一定比一般餐廳要多得多。要做個以電影為主題的餐廳，沒有個幾十張電影海報、明星簽名，或是許多一看就知道名字的電影道具，加上電影攝影機與器材，就成不了電影主題餐廳。

以懷舊為主題的「香蕉新樂園」，裡面的古老道具，真要算起來恐怕超過 1000 件，大到郵筒及三輪車，小到玉兔牌鉛筆和涼煙糖，加上連場景都佈置成古老街道，還有曬在陽台外面的卡其運動服，掛在雜貨店前面的黑松汽水經銷商的招牌，仔細看起來真挺有意思。

這些物品蒐集起來一定頗費心神，坐在這樣的場景裡面，吃著懷舊的豬油拌飯，果然馬上令人發思古之幽情。然而，這樣的情境之下，真能吸引消費者一來再來嗎？它的餐飲本身，有足夠吸引力嗎？或是具體問一下，真的好吃嗎？

主題餐廳的主題，不管是什麼，東西好吃，肯定是最重要的事情。因為餐飲業的本質，就是東西要好吃。不可能有人願意花錢去一個地方，只因為主題有趣，東西很難吃。

但是，好吃難吃，有時比較主觀，至少要做到還算好吃，才有存活下來的機會。就像桃園青埔附近，開了以「倉庫」為名的跑車主題餐廳，不僅店內佈置都以跑車加上改裝車的配件為主，連所有座椅都是用跑車座椅，桌子則是輪胎疊起來加上玻璃板，完全以「車友」喜好的感覺來佈置。但是，起初餐飲居然用料理包打發消費者，後來過不了多久，馬上改了菜單，開始供應真正餐點。才有機會繼續存活。

那麼，主題餐廳如何讓這個主題能夠持續「有用」呢？不談對外的廣告宣傳，只先來看一下，店內的道具，只能是道具嗎？既然花了很大精神，何不使道具可以跟消費者有所互動呢？

具體來說，美式餐廳的飛鏢，可不可以變成「促銷活動」？讓消費者有機會丟擲一下？芭比娃娃餐廳要不要固定有抽獎，讓消費者打扮成芭比的機會？還是做個立牌，讓人可以和芭比合照？跑車餐廳要不要讓車友有地方貼出自己和改裝車的合照？或是提供某些改裝的聯誼下午茶？懷舊復古餐廳的彈珠汽水，真的可以喝嗎？雜貨店裡的小零食，要不要順帶銷售？把飲料裝在小時候的水壺裡面一起賣，可以帶回家？還是準備復古衣服，讓消費者和三輪車拍照時，可以直接變裝一下？或是在店內不定期舉辦「尋寶遊戲」？

主題餐廳的目的與用意，就是要以主題來區隔，能在眾多餐飲市場中「殺出重圍」。

選定主題，既然有較多投資，就千萬別讓佈置道具只是道具，必須要有變化、有動感，甚至可以像故宮博物院一樣，不要把所有展品一次呈現，還可以有機會更換一下。

重點是，永遠創造新意，進一步讓消費者參與。如果只是固定放在那裡，消費者只是坐進一個布景裡面，感受也就不深，比較無法達到讓消費者一再光臨的目的，那真是非常可惜的事情。

如果主題只是一陣風潮，話題結束，又要改變裝潢了，那還不如不做主題吧！ ■

03　當「美意」碰上「故意」

> 真正的品牌，不只是「找到你要的消費者」，更大的勇氣
> 是「拒絕你不要的消費者」！

當美意被無限濫用的時候

通路商為了自己的顧客經營，甚至於品牌形象，常常會有一些特別或貼心的服務，像是舒適的座椅、等待的空間，或是可借用的嬰兒車，以及有時會一去不回的愛心傘。這些獨特服務也可以吸引一些消費者，因為這樣而前來消費。

具體來說，這些「附加價值」經常是「免費」，或是可以說「低價提供」。但是，當這些美意碰上故意的消費者，那該怎麼辦呢？

IKEA 新裝潢好的餐廳裡面，可以看到非常豐富的色彩，以及溫馨的用餐環境。可是在取用飲料的地方，卻發現斗大明顯的字體寫著：「冷飲請購買使用冷飲杯！」甚至於「僅提供購買冷飲杯消費者使用，勿以自備瓶罐裝取！」這樣的字句，看起來其實非常刺眼。

我相信，這些語氣與內容，並不是 IKEA 當初採用的本意。但是，會有這些標語出現，就是「消費者真的這樣做，做到店家覺得受不了！」這不僅是造成佔便宜或浪費，其實也因為用不同材質的杯子裝冷熱飲，隱含很多危險，不是嗎？

上海的 IKEA 餐廳，曾經為了很多老年婚友社（稱為夕陽紅產業），每天呼朋引伴大量佔據桌椅，以會員卡使用免費咖啡，所進行配對介紹

聯誼等活動，而傷透腦筋。不管是溝通還是勸阻，都無法解決，還嚴重影響其他消費者使用，到最後被逼得只好畫出一個區域，請這些活動侷限在固定區域內，也就是說，「捐出來了部分營業面積」。

除了上海之外，還有沒有其他地區有相同困擾？雖然不是很清楚，但是，這樣的跨國企業，通常選擇「低調又低調」的處理方式。

麥當勞的醬包、糖包，也曾因為消費者大量取用，改變成為「使用者付費」的作法，限量供應；也曾看到百貨公司或購物中心，洗手間的衛生紙盒架「鎖起來」，以免有人整捲取走。總之，當這些美意碰到故意，還真是使人頭大。

不理性行為，店家與消費者該知道的事

近期，讓通路廠商最頭大的，恐怕是「滅頂」行動的失控吧？

看到好市多為了這些不理性的消費者舉止，也不知該如何回應是好。照道理說，它們原先提出「無條件退貨」，是一個非常好的品牌概念，真正做到「相信並且尊重會員」。不管原先和供應商的條件是「誰要負擔多少」，至少在第一時間，就把消費者的不滿概括承受。

因為買到不好的東西，能夠有好市多的無條件退貨當作後盾，應該比較容易嘗試新東西、新品牌，也讓消費更感到安心。

好市多的會員制度，既然與消費者有約定，那應該是平等的概念。我提供商品給你，供你消費，如果你不滿意，我可以提供退貨。那麼，請想想看，這些任意購買林鳳營鮮奶的人，是為了消費？如果你不是為了消費？我為何還要服務你呢？或是說，你有尊重自己是會員嗎？

我們常以「來者是客」、「消費者永遠是對的」為服務宗旨，但碰到這些故意的人，商家是不是也有權利想一下：「那麼，你是顧客嗎？」

記得不久前，半夜有一位酒醉客人到某速食門市點不到冰淇淋，因為半夜正好是清洗雙淇淋機器的時間，就出手打了店經理。事後，很多媒體說：「因為店家無法滿足顧客要求，才導致糾紛云云……」請問一下，有一定要服務酒醉的人嗎？這有符合這家速食業的品牌形象嗎？

同理可證，如果好市多姑息忍耐這些所謂「我有付錢加入會員」的人，對於其他會員肯定不公平。正因為沒有很好的方法，去做制止與管理這些跟其他會員不一樣的人。我認為，這不是「消費者公德心」，或是「賣場人員勸阻無效」的問題，而是如果這家企業，不知道怎樣「拒絕行為很誇張的人」，還把他們繼續當作顧客，那我們其他消費者也只好拒絕你了！

中國大陸的煙害防制法，規定得不比台灣寬鬆，這些法令早年出來之前，到處都是吞雲吐霧的人，相對之下，這時的星巴克宛若一方淨土。曾遇到過，還是有消費者在裡面抽煙，請店家前往處理時，店長十分為難地說：「已經和對方講過了……」如果店家無法處理那位抽煙的人，其他人也不需要為了你的「禁煙」而來星巴克消費，這是同樣的道理。

真正好的品牌形象與管理，對於企業來說，就是要分辨出那些故意的消費者，並勇敢對於他們說「不」！否則當劣幣驅逐良幣時，那些劣幣也一定不會是你的忠實顧客，因為他們的目的並不是消費。

真正的品牌，不只是「找到你要的消費者」，更大的勇氣是「拒絕你不要的消費者」！ ■

04　從顏色來做節慶行銷的切入點

顏色行銷作為節慶行銷的佈置秘訣，當然是「找重點」，
必須在佈置上，把其他不相干顏色都想辦法隱藏起來，才
能符合節慶氣氛。

傷透腦筋的節慶行銷

對零售流通業來說，行銷活動本就和節慶密不可分。

到了歲末，接二連三而來的節慶，現場的氣氛佈置，往往左右消費者的購買心情。然後，「家家戶戶過新年」，似乎會變成本來有特色的店，跟著節慶氣氛走之後，都覺得和隔壁老王家裡一模一樣？可是不佈置又不行哩，真是令人傷透腦筋吧？

談到節慶行銷的佈置，當然首推 12 月底的聖誕節、陽曆新年，接著就是農曆新年。對於百貨業而言，每年「陳列預算最大檔」，除了週年慶，當然就是聖誕節了。

然而，聖誕節檔期的業績卻通常不好，夾在週年慶和農曆年當中的買氣，相對比較淡，卻要花不少預算。負責陳列的單位，在申請聖誕節預算的「痛」，很多行銷部門應該都感受良深吧？而且，聖誕節的陳列道具，還來得貴呢！

新年佈置一樣不好處理，經常在「符合品牌形象」和「符合節慶行銷」當中掙扎，因為，很多品牌的 Logo 或標準色，根本和節慶歡樂氣氛不搭，特別是農曆新年。若是本來 Logo 顏色很像，很多又容易被「吃掉」，一個弄不好，就像作文比賽的指定題目一樣，大家寫一樣題目，你做出來特別爛，肯定馬上被挨罵。

　　這與做自己公司的品牌日，或是企業自己發起的活動，可是一點都不一樣。

顏色行銷，重點在協調

　　讓我們先跳脫制式與僵化的想法。首先，要弄清楚節慶行銷的根本元素，就是顏色行銷。

　　每個節慶有獨特的標準顏色，一出現，就會有聯想。舉例來說，萬聖節是黑色和橘色，聖誕節是紅色和綠色吧？其實，聖誕節還有金、銀兩種特別色，進一步分析，大膽一點還可做白色聖誕。農曆新年，則以紅色為主、金色點綴。

　　回到前面提到的歲末檔期，如果自己店裡預算有限，那麼採用紅＋金為大面積主色，是最為省錢的佈置法則。因為，聖誕節期間只需加上綠色，期間一過把綠色撤掉，換上過年道具，就可以沿用。

　　顏色行銷作為節慶行銷的佈置秘訣，當然是「找重點」，必須在佈置上，把其他不相干顏色都想辦法隱藏起來，才能符合節慶氣氛。

　　畢竟節慶佈置，只為節慶，尋常日子還是要過。所以千萬要記得，無法做到全店，就只做店內某個區域，若連區域都做不到，就做某個貨架，甚至某個角落，最怕因為預算不夠，到處隨便放一下，這樣保證預算也花了，根本也感受不到。

　　下一步講到搭配的道具和圖騰，可以選擇把某個道具或圖騰突顯出來就好，而不是把節慶所有相關都用上，這樣保證既難看又不協調。

　　具體來說，和聖誕節有關的道具或圖騰，隨便列表就有聖誕老公公、麋鹿、雪橇、禮物、聖誕樹等，如果今年選擇聖誕帽，就不要想著還要放聖誕襪，只要集中凸顯某個圖騰就好。

　　農曆新年也是，有春聯、紅包袋、元寶、財神爺等，假設新年選擇爆竹，就不要老想著畫出桃符才叫過年，難不成還要把大掃除也放上去？除非是清潔公司吧？

氣氛考試，找到關鍵決勝點

說起來簡單的節慶行銷，其實是賣場最難的「氣氛考試」。

常常可以看到外商品牌或賣場，做出來的節慶佈置，特別有氣質或別具特色。為何搞到自己來做的時候，就覺得困難重重？然後只好大嘆「預算不夠」！

仔細分析一下，固然預算是陳列關鍵，卻不是真正決勝點。星巴克都可以用一些很小巧的道具，讓聖誕節氣氛出現。有時只是一個小柺杖糖，有時是一棵手摺小聖誕樹。再例如，誠品曾經用春聯的「福」字當作提袋設計，生活工場也用過「花布」設計紅包袋送給會員。

不僅是流通零售業，每年都要「被考試」──節慶行銷怎樣做？或許還要爭論一下，到底要不要辦年貨大街？麵包店、咖啡店需不需要應景出「年糕禮盒」？銀行業也要每年考慮，怎樣印紅包袋送客戶？壽險業、汽車業要替業務員思考，要不要繼續印「年度記事本」？在智慧型手機時代，還有人真正使用嗎？

這些討論和考量，都是自己的業種業態，根據店面需求、品牌特色、節慶氣氛所做的行銷拉扯。不過，營業和行銷單位，最後都會「妥協」的認為，因為大家都這樣做，所以我們也要。

然而，真正的品牌管理該這麼思考，如果真要做節慶行銷，就該有所「取捨」。陳列佈置上，要知道抓住重點，不可以全部都出現，避免流於「像隔壁店家」的陷阱。活動現場，當然也要取捨，真的不適合自己的，不要硬辦，才是正確的品牌思維！　■

05　給房客的免費贈品與品牌形象的關係

一進房門，看到小桌上的小點心：「嗯！真貼心！」美好
感受油然而生。

不只是免費服務，還要能貼近內心

近幾年台灣觀光產業，真是蓬勃發展，來台旅遊人數一直不斷創新高。這固然拜大陸旅客增加之賜，其實其他國的來台遊客也有顯著成長，加上國內旅遊風氣，在小確幸氛圍下，也是不遑多讓。

在這樣產業改變的狀況下，住宿需求的增加，產生非常多新興的旅館與民宿，競爭激烈當然不在話下。每次旅展的各種住宿券，不管有沒有搭配旅遊套裝，只要品牌知名度不差，也都是搶手貨。

最近有機會在電視購物上看到一家新的溫泉旅館，銷售3天2夜的雙人住宿券，看起來很吸引人。這樣的住宿券，包括了遊湖的船票、晚餐加早餐，還有免費租借的自行車等，真正邀朋引伴去過，也還算是一趟不錯的旅遊行程。

但是，正因為這是競爭激烈的行業，旅館業者的許多配套安排，是否能使遊客印象深刻，或覺得值回票價，就成了關鍵因素。

例如說，這個風景區以自行車道的完整與優美為號召，所以套裝行程上附帶車行免費使用的車券。看起來已經是很好的安排，可是真正喜歡騎車的房客，卻立刻想起來：「上次住其他家飯店，飯店就準備了非常多自行車可以使用，一整排看起來頗壯觀，上頭還印上這家飯店的名字，也是很好的品牌識別。而不像這家，跟外面業者合作，還有使用時間的限制云云……」

再舉個例子來說，一進房門，看到小桌上的小點心：「嗯！真貼心！」美好感受油然而生。這種免費的安排，以往都是入住五星級飯店，針對VIP客人才可能提供的水果迎賓，或是跟航空公司合作的「機+酒」自由行客人。最近，發現台灣風景區住宿房間也有，甚至附帶說明，表示這些小點是為特別前來住宿的客人，雖然不是代表這個地區的名產，但販賣店也有銷售，順便做一下「試吃」活動。

但是，不管怎麼樣，都要搭配一個小卡說明才對，不會是「就放在那裡」，這樣不是有可能變成「迷你吧」裡面，需要額外付費的洋芋片之類的感受嗎？

後來又發現，這家溫泉飯店，冰箱中的飲料也是「隨便客人使用」，這當然也很好，卻一樣沒有說明和標示。很多飯店小冰箱裝的都是付費飲料，大部分客人不會使用，只有「公司付錢的商務客」，以及帶小孩出遊「不得不應付小孩」時，才會使用這些飲料，正因這些飲料比起外面超商賣的貴上許多。

這家飯店提供的飲料，甚至包括比較高檔的果汁和進口飲料，令人覺得「很夠意思」。不知廠商是因為配合餐飲服務，而提供給飯店住客？或是反正算在成本中了，就給消費者一個驚喜也很好。

免費用品，質感最重要

進一步思考，就旅館業者來看，各種沐浴用品、洗滌用具也等於

是「免費」提供客人使用。早年台灣剛開放觀光時，還經常要「教育」旅行團的團員，飯店當中哪些可以帶走，哪些是不可帶走。

現在我們可能「嫌棄」大陸旅客，比較不懂這些規矩，前兩年還有一位對岸來台參加活動的影視工作者，為了帶走吹風機，而與飯店槓上的新聞。

自己也曾有一次在大陸出差，因退房時少了一條毛巾而被質疑，當場認為業者可以打開行李檢查，願意對賭一下，究竟是客人帶走，還是當初放的時候就少一條呢？

最近也發現，飯店喜歡提供環保購物袋，而非以往常見的紙提袋，讓住房客人願意帶回去重複使用，其實是非常好的品牌識別贈品。因為，沐浴乳和洗髮精，願意帶回去的客人，使用起來固然會想起在旅館住宿的經驗，卻無法與人分享，而環保購物袋，就可以帶著走而增加曝光度。

只不過在設計時，需要考量「質感」的提升，否則真的只能拿去菜市場使用，反而不見得對高檔飯店有所助益呢！

最後值得一提的，其實是住房的拖鞋。

相信很多人都使用過又薄又小不織布拖鞋的經驗，不僅難穿，沾水後又容易打滑，有些換成比較高檔一點的絨布面拖鞋，純白、有質感，卻一點也不耐髒，就算可以帶回去，好像也不實用。

既然是溫泉風景區，來一個夾腳拖如何？如果是飯店本身設計，又有飯店名稱的 Logo，穿到餐廳用餐也很不錯，甚至附近走走也不太奇怪。以為這樣好的設計，是可以帶回去的，結果，卻發現要付一百五十元購買。其實就是相當好的紀念品，讓住房消費者都記得飯店的好贈品，願意帶回去的，一定願意穿出來，而且上頭清清楚楚看到飯店名稱，更容易讓消費者記憶，甚至比購物袋還要好。

然而，業者卻放棄了這樣的機會，堅持要把拖鞋回收，反而讓消費者意識到：「原來我穿的夾腳拖，是其他房客穿過的。那麼，也就算了！」

也許大家都知道，所有的「免費」，都是羊毛出在羊身上。

但是，品牌形象不同，願意讓消費使用印有你家 Logo 的東西，才是品牌。

有時，這是花錢也買不來的，這點值得業者好好思考一下。　■

06 頂級客戶的經營之道

> 定位好品牌概念，想吸引什麼樣的客人，成為自己的頂級客戶，是品牌經營相當重要的一環，也是成為品牌成功的關鍵因素。

怎樣才能榮登頂級客戶？

「恭喜你，成為我們的頂級客戶！」當消費者聽到這樣的話，內心是高興的嗎？還是心想：「我是花了多少錢啊？」或是：「啊？隨便這樣就是頂級啦？」所以，經營品牌可不能隨便把客戶當頂級，要想清楚，究竟是要怎樣的頂級呢？

頂級——就字面上的意思，應該是花費最多的客人，就像航空公司，肯定把坐頭等艙的客人當作頂級，因為費用可能是經濟艙的四倍以上。可是，那些客人經濟條件很好，在你家消費這麼多，在別家可能也是如此。雖然你定位他們是頂級客戶，他們心中也許只把你放在「次要」耶！這可怎麼辦呢？

進一步說，每家企業和品牌，都想找到頂級客人。但是，他們在哪兒呢？光看購買商品金額，有時還真不太準確，很多家具品牌把購買金額最高的當作頂級客戶，搞了半天，才發現其實是設計師，都把東西放去別人家裡，真正用自己品牌的顧客，還是「雲深不知處」！

有一段時間，高爾夫球場的名單，似乎炙手可熱。以為偷偷拿到，就可以賣這些有錢人名車和豪宅。或是哪裡的 VIP 名單，或是豪宅社區的住戶名冊等等。其實，這樣的資訊要轉換成頂級客戶，並不容易。很多商品，也不是隨便可以「依樣畫葫蘆」，就可以創造出業績。

預約假期的護膚派對

在長假之前，很多化妝品的品牌，開始出現專門為頂級客戶打造的「護膚派對」。有的在百貨公司裡面的某個中庭，以品牌形象做頂級沙龍，讓過往消費者知道：「只有買滿多少錢，才有機會進入其中享受護膚保養喔！」

這些一線化妝品品牌，平常在專櫃上，很難讓消費者「躺下來」。彩妝品牌可以在臉上塗塗抹抹，保養品則最常拿消費者的手來當臉用，能夠躺下來真正做一下保養，還是不太一樣的體驗。但是，更進階的作

法，其實是去五星級飯店的房間內，既隱密、專屬，又華麗，加上夠檔次的下午茶點，令人不自覺：「哇！快點把卡拿出來刷吧！」就這樣把新推出的整套保養品帶回家。

這家一線保養品品牌，把五星級飯店包下了整層客房，不僅在飯店走廊有燈柱佈置，儼然變成他家專屬的華麗殿堂，末端的行政套房，撤掉所有床鋪，改成一組一組沙發區，也就是「成交區」。

先讓頂級客戶喝杯茶、吃個點心，然後到房間內做護膚保養，飯店房間的床鋪也改成美容床，顧客可以在飯店房間內使用洗手間，充當更衣室，愜意享受時光。

回到成交區時，在燈光美氣氛佳之下，自己都覺得好像變漂亮了。專櫃的銷售人員，當然會重新介紹剛剛享受過的各種新產品，仔細詢問顧客感受，然後希望你從這裡把東西買回去，有別於百貨公司各家不同的促銷及贈品，還會針對這樣的活動，另外準備贈品。

吸引來客，凸顯品牌魅力

頂級客戶的體驗活動，不像百貨專櫃受限於場地和陳列方式，更能夠凸顯品牌魅力。雖然看起來要花更多時間與顧客互動，卻有很好的銷售結果。那麼，如果真的不想買（或是買不起，因為新商品肯定比現有價位又高一檔次），也是要付剛剛的護膚費的喔！假如有購買到一定金額，護膚也就免費！

此外，汽車廠商也很喜歡舉辦類似活動，不管是露營、戶外派對、高爾夫球等，針對車主付費參加，也歡迎介紹朋友。因為被邀請來的朋友，可能就是購買車子的「潛在客戶」。

每一種產業及品牌的特性都不同，如果只是銷售平價商品，也需要 VIP 嗎？買很多很多的就是頂級客戶嗎？以「多品類」的居家用品店，還有購物中心的行銷經驗來看，通常買得多，不如買得廣，這點對於所謂頂級概念，也很重要。我們希望把一位顧客的食衣住行通包，使商品類別的銷售，都有相對平均的發展，不要只鼓勵金額做大，以避免把「只買吃的，對其他用品不屑一顧」的消費者當成貴賓。

回到前面提到的，頂級客戶的概念是什麼？首先要先定義清楚，是多買？還是常買？還是只買你的？單看「多買」這一點，會變成「家裡人多者」取勝，他的東西用量比人少的家庭多；要是只看「常買」，就會把天天來閒晃的隔壁鄰居當成頂級；如果不管有沒有買別家，把所有行銷預算都拿去獎勵他，結果他在其他競爭品牌買得加倍多，也推薦朋友買別家商品，豈不是氣死人？

因此，定位好自己的品牌概念，想要吸引什麼樣的客人，成為自己的頂級客戶，是品牌經營相當重要的一環，也是成為品牌成功的關鍵因素。 ■

07 要付現，還是刷卡？

> 北歐國家快要「無現金」了，全用虛擬貨幣？使人驚覺不用現金，那零售業的「現金流」重點，豈不是消失了嗎？創造出再多的連鎖店，也沒有現金了嗎？

現金付帳已不再流行？

最近有篇網路文章，該作者說來到台灣像是落後地區，不像中國大陸的行動支付非常方便云云。當然，網路文章有時誇張了些，並不完全如此。

但是，怎樣付費，不就是一個成交動作，怎樣可以與品牌或行銷一起思考呢？其實，付費方式已經在零售流通行業裡面，成為很多競爭力的關鍵因素，不得不認真探討一下。

另外一篇文章，提到北歐國家快要「無現金」了，全部都用虛擬貨幣，那也使人驚覺，不用現金啊？那零售業的「現金流」重點，豈不是消失了嗎？創造出再多的連鎖店，也沒有現金了嗎？

先從消費習慣來看現象，通常餐飲比較不喜歡「非現金」，不要說夜市攤販，很多簡餐店、咖啡店都不能刷卡，一定要使用現金結帳。連開在魚市場裡面的高檔水產店，儘管人潮洶湧，一個人的消費都在800～1000元上下，卻也清楚寫著：「只收現金！」

這當然牽涉到很多產業特性，例如，本小利微，或是上游供應廠商的習慣，都是現金切貨。再者生鮮類商品賺得就是「立即財」，無法用按月結算等方式來周轉等。只不過，這家高檔餐廳，每次都要帶一堆現金才可以請客，也算是特別的「品牌堅持」吧？

以往便利商店或是飲料店，當然都是現金為多。因為大多是小額，不用浪費時間在刷卡等手續上，也無法支應信用卡公司的手續費用。然而，這樣的習慣卻因有了儲值卡，後有跟捷運悠遊卡結合的突破，創造出完全不同的消費習慣。

台灣最大的連鎖便利商店曾經表示，他們當年推出儲值卡片是希望吸引「年輕女性上班族」多多消費，結果卻發現，使用最多的卻是中小學生。因為父母把零用金放進去，他們只能到便利商店買東西，不像給現金可能會跑去電玩或是路邊攤。其次則是，不喜歡帶零錢在身上的男生，這種消費行為的改變，是很有趣的現象，也值得分享。

第三方支付，產業革命新勢力

說到支付方式，當然一定要說大陸支付寶。

因網路購物需要而產生「比較有保障的第三方支付」方式，已經完全變成另外的產業革命，使得眾多網路商店一定要向其靠攏。最近更是一舉進入進入台灣的消費市場，而且居然突破了夜市的慣用模式。

以台北市這個示範夜市來說，幾乎可以看到每一家都可以用支付寶，不管是珍珠奶茶還是潤餅，也不管是蚵仔煎還是麻油腰只，吃完之後，大家只需拿出智慧型手機，如此這般操作一下，大陸某位消費者在支付寶裡面存著的錢，就會跑到台灣這家夜市攤販老闆的支付寶裡面，真是相當神奇！

不同的消費支付之下，「到底誰來消費」是否也有影響？只用現金的環境裡，消費者通常是路人甲乙丙，不需要知道他們是誰，如果一旦使用非現金，特別是信用卡或支付寶，則會採實名制。信用卡可針對曾經消費過的人做很多「回娘家」性質的促銷活動，也可以分析消費行為。支付寶雖然比較無法直接進行促銷計畫，畢竟還是以虛擬和小額佔大宗，但是，仍然比現金多出很多有用的訊息。

如果在目前「大數據」掛帥的思維下，非現金的結帳模式，肯定會留下較多的消費軌跡。

行動支付，一張卡片暢行天下？

各種卡片式的消費整合，也是越來越方便。百貨公司的禮券，很多已經不使用紙本印刷，直接放在卡片裡面。雖然有些還需靠法規的突破，但是紙本印刷的成本確實很高，也有很多新建案，甚至把門禁卡和悠遊卡結合，省掉住戶多帶一張卡片的麻煩。也就是說，金流的功能，還可以進一步與資訊流整合。

行動支付一直有很多突破性發展，大部分都和智慧型手機綁在一起。所以，說個玩笑話，以後萬一手機遺失，不只是失去朋友，還要失去金錢了！

支付寶在台灣的流動，其實是在銀聯卡開放之後，對於旅居中國

大陸的眾多台灣人來說，看到有些店家對於使用銀聯卡的優惠，居然比使用台灣其他支付工具的優惠還多，特別像 101 之類的重要景點，恐怕還有點不是滋味。

於是，想想要不要在台灣也改用銀聯卡算了呢？此舉更證明使用怎樣的支付方式，想向消費者傳遞什麼訊息，都深有影響。例如這家夜市老店，還貼出可以在中國大陸加盟的訊息，只要拿出手機掃描一下即可，就表示中國大陸市場真是可以好好開發的龐大商機。

金流的改變，不只是趨勢，也是市場改變的訊息。　■

08 品牌形象在哪裡？

品牌，當然先從形象開始。可是，品牌形象包括哪些項目？總要有個單位來管吧？那麼，又要管到哪裡？或是怎樣管？

品牌也有操作手冊？

有一個古老的笑話，某人的英文很差，遇到一個外國人稱讚他家裡很漂亮，想要客氣一番，不知該如何說，只知道如果說中文，就是謙虛的說：「哪裡哪裡！」所以一急之下用英文說：「Where?Where?」老外心想：「這人真奇怪？真的認真想知道？」只好回答：「Everywhere!」

這樣的笑話開場，用來探討一個問題——品牌，當然先從形象開始。可是，品牌形象包括哪些項目呢？如果在公司組織內來看，提到品牌形象，總要有個單位來管吧？那麼，又要管到哪裡？或是怎樣管？

很多企業想要開始重視品牌，一定先把品牌概念由老闆往下傳遞，特別是本土企業，絕少可以由下往上，以形成共識的方式產生。反過來看，多年歷史的外商，建立了品牌價值，可能已經有「品牌操作手冊」，把品牌內化成組織內部各部門的職掌。這兩種狀況，相差「不可以道里計」。

先不探討如何從 A 點演化成 B 點的過程，先來思考品牌形象的範圍，可能就是一項大工程了。

品牌如人臉，門面要顧好

舉個例子來說，很多企業都有所謂的企業總部，巍峨壯觀的大樓就是企業品牌的象徵，這樣似乎很容易理解。但是，請問「前總部」呢？

當某家金控公司，總部已經搬去南港，大樓似乎也已經易主，但是一樓還是銀行營業廳。然而重點在於，營業廳位於人來人往的信義計畫區，不管任何理由，或許是清洗外牆、換廣告帆布，還是新舊東家交接，怎麼可以容許這樣斑駁剝落的狀況出現？特別還是一家金融機構。正因為，金融機講求的是穩定安全的形象，外觀如此坑坑疤疤，真是形象大傷吧！只不過，要由誰來管理呢？

既然站在街頭，就繼續談一下店面招牌的品牌關連。

很多品牌喜歡佔據三角窗的位置，就是因為明顯，兩邊都看得到。但是，招牌裡面的燈管呢？有時候看到一個店招，因為新舊更換，導致每一個字的燈管顏色皆不同，或是哪個燈亮個半邊？甚至某個字不亮。這些問題一旦發生，相關工程人員可以多快處理？或是怎樣處理？這些難道不是品牌的範圍？就像一張人臉，總不能上面沾了髒東西，過個兩天再清洗吧？

進一步說，招牌的亮燈時間，冬天夏天幾點打開晚上的燈？哪時換季？還是要看哪條街各別不同的情況？打烊後，關哪些？保留哪些？櫥窗的燈呢？要怎樣管理，既要節能，又要保持形象，難道不是品牌的一環？

很多店面開始裝潢時風風光光，覺得品牌形象是店鋪管理的一部分，根本不需要多說。但是，遇到故障檢修的時候，腦袋就變成工程思維，要看工班師傅時間，有時叫工叫料不及等，都會變成拖延、擱置的因素，等到要撤場或是關店，就真的沒人管品牌形象了，不是招牌拆一半，就是索性不理，等到新店家接手再換，或是換下來隨便擺放。殊不知，這些也就可以看出這家企業，對於品牌的用心程度。

廣告和制服，也是品牌形象一環

若是連自己的店面和辦公大樓都管不好，更遑論發包出去的廣告。

所以，就可以看到難看過期的公車廣告，還在公車上滿街跑，或是戶外招牌已經到期，卻不想另外花力氣拆除，一直掛在那裡任由風吹雨打。高速公路開一趟下來，就可以看到許多可能並不合法，卻還是屹立不搖當作廣告 T 霸上，見到不合時宜或是老舊的看板內容。

所以，在發包廣告時，一定要有所堅持，時間到期，要求取下的條款。然而，經常被忽略的原因在於──廣告主不想說，認為反正下一

檔自然會換，多要求，搞不好還要多加費用，內心也可能想著：「萬一
他們找不到下一檔，我們多掛一下，也算佔到便宜。」一旦出現這樣的
心態，就無法嚴格管理自家廣告的形象了。

再來看看一個火災現場，沒有人希望發生憾事，但是，火災之後
一段時間了，殘破的招牌卻還在，這當然也是不好的品牌形象。殘破的
外觀，對於這家品牌肯定有傷害，看起來不急著處理的小事，直接影響
了品牌形象。

另外一例，很多企業對於制服回收的作法，是否允許離職員工帶
走制服，或是舊制服穿在不相干的人身上，應該如何處理，並無明確方
式。這不只是行政管理工作，而要有品牌形象思維在裡面。更不用說，
穿著制服要有基本的乾淨、整齊、清潔的要求，因為制服本身就是品牌
形象的一部分。

總括來說，品牌形象如同那個笑話所言：「Everywhere」，絕對
不是只有某一個地方，或者只有行銷廣告才是，必須在企業經營管理的
每一個部分，甚至於每個單位與個人都可以顯現出來，才是品牌管理的
真諦。　■

09 買過季商品正夯？

> 所謂「Outlet」，原意就是「清理庫存，廉價出售」，台
> 灣一般也稱為「暢貨中心」。

暢貨中心，暢買重心？

最近零售業的發燒話題之一，應該是北台灣連續開了兩間
OutletMall。所謂 Outlet，中國大陸還音譯為「奧特萊斯」，其實就是
過季商品的銷售。

根據奇摩知識的定義，所謂「Outlet」，原本意思就是「清理庫存，
廉價出售」，台灣一般也稱作「暢貨中心」，是一種廠商與零售商為了
調整庫存量，索性大批廉價出售商品的零售方式。世界名牌廠商為了清
盤滯貨、過期貨，以及一些不合規格尺寸，或是有細微污垢的商品，以
半價以下的價格拍賣，便是「Factory Outlet Store」；百貨公司與精品
店等零售商，為了清除自家品牌存貨的特賣方式，則是「Retail Outlet

Store」，而將這些零售商店匯集在一處的，正是「Outlet Mall」。

　　這兩家新開的 Outlet Mall，一家有日本大集團加持，一家則首次在台灣開美式的戶外型購物中心，自然吸引大批消費者一探究竟。

　　就品牌角度而言，一個品牌在 Outlet 銷售狀況良好，吸引消費者趨之若鶩，到底是不是一件可以高興的事呢？這倒是可以仔細探討一下。

　　先從商流的角度來看，一件商品從出廠到上架，有很多流程，並且帶來很多期待。大家都喜歡處理新品上市，然而，當它過季了，或是尺碼不全了，或是「採到地雷」根本賣不出去，怎麼辦呢？

淘到寶？還是踩到地雷？

　　想得很簡單，有些東西，可以在原店降價賣吧？或是可以半賣半送？最後，乾脆找一個地方專門賣這些東西好了。所以就要打包、找物流，然後換一個地方開箱、上架，再等待新的消費者出現。

　　以連鎖家飾賣場的過季品舉例，一百家連鎖店裡頭，這個杯子已經算是好賣的，每家都剩一兩個，真不知該怎樣陳列和標價，還是送去暢貨中心吧。各家店打包運送，花了一堆時間精力，運送上架過程當中，不小心可能還有耗損。等到了暢貨中心，也有著上百個同款杯子，真不知要賣到何年何月？而且，它們再也沒有地方去了吧？店鋪管理人員好頭大，正因每次收到的都是一些零星貨，不齊全、尺寸不多、擺起來也不好看，甚至自己都沒有胃口的東西，不知是否賣得出去。

　　家飾賣場如此，賣鞋子的，則永遠要整理可能只有 23+28+29 三個尺碼的鞋子；賣衣服的，只剩下黑色和白色。啊！只有 XL 和 S 耶！總之，Outlet 店鋪的管理和營業，其實完全不同於正櫃的模式。然而請問，當 Outlet 盛行時，品牌企業準備好了沒？

　　從消費者角度來看，出國經驗裡面，經常會去歐美日逛一下Outlet，往往可以挑到台灣沒有的品牌或商品，真的有種淘到寶的感覺。但是，當這家購物中心，就開在你家附近，或是很容易到達的地方，還會有同樣的心態嗎？有些國際品牌，甚至沒有正櫃，只來開暢貨中心，這樣可以找到真的喜歡它的消費者嗎？

　　就像其中某家 Outlet 開幕時，很多消費者說：「價位比想像中高，不是過季品，價格還要五位數喔？」嘎？明明是個知名的牌子，難道過季就是地攤價？所以，買過季品變成流行，不就是一個矛盾？

　　你，真的知道你買的是什麼嗎？

親民價，認識品牌第一步

在品牌經營上，Outlet 真正希望吸引兩種消費者，第一是喜歡該品牌，因為價位親民，可以買一些入門款，算是接觸品牌的第一步。既然是第一步，在過季商品的陳列、銷售質感，以及店面的呈現上，就仍然須有這個品牌的元素，而不是當作「出清特賣」，用很便宜的花車放放就好。怎樣有質感的過季，要考驗品牌視覺的呈現。

其次，還是這個品牌的消費者，已經有過消費這個品牌的經驗，知道某一款原價多少，當時沒買，現在看看，還是很喜歡，發現便宜了不少，當然就會買！或是來找看看是否有互相搭配的商品，也會下手。上述兩種消費者的重點，都是「認識這個品牌」，或是想要「認識這個品牌」，這也包括通路品牌。

如果心中沒有品牌概念，純粹看價錢和喜歡就好，可能會對 Outlet 感到失望，或是提不起一再光顧的興趣。所以，照目前這兩家購物中心的熱潮，其實比重並不完全在過季品，而是台灣消費者喜歡的餐飲。

具體來說，觀察消費行為後，可以初步推論出來，絕大多數的消費者是因為賣場「新鮮」，加上要找一個地方「休閒用餐」，而造成人潮洶湧，並不是真的趕流行來買過季商品。所以，過季品會流行，本就是一件非常態的購物模式。

因此，想要把品牌管理做好，要連 Outlet 店面管理策略一起想清楚，不是只看人潮或是營業額，而要看整體互相之間的影響，才不會誤判形勢，或是因小失大。　■

10　想約會？歡迎來我家！

> 各種展示區，隨你坐，抱枕是真的，沙發很軟，四周裝潢很美，不喜歡這個風格？那去下一間好了，馬上變個樣子。

IKEA，約會的好去處？

「嗯！去咖啡館吧！」「唉！去太多次了，好無聊。」「那去公園吧！」「有蚊子，又可能會下雨耶！」好想和女朋友聊個天，帶回家？可是老媽天天在家，真的帶回家坐在客廳，又感覺好拘束，帶去房間，好詭異又尷尬。那麼，可以去哪啊？答案正是—— IKEA 的展示區。

什麼？千萬別驚訝，這真的是好答案！各種展示區，隨你坐，雖然電視不能看，飲料杯裡面沒咖啡，但是，抱枕是真的，沙發很軟，四周裝潢很美，不喜歡這個風格？那去下一間好了，馬上變個樣子。

這不是笑話，經常看到很多人跑去 IKEA 的床上躺著，當然不是好的示範，也很沒公德心，這裡要表達的重點是，把家裡的情境原汁原味呈現，把你的居家夢想實境化，就是該品牌的特色。

最近，IKEA 在台北精華區居然改裝了一個老舊透天厝，開起了又像餐廳又像展示間的地方，顛覆了很多消費者的想像。其實，這種作法完全就是一個「品牌屋」概念，而不是旗艦店喔！

因為它的本業，仍是要經營一個大型購物賣場，卻自我突破地做起餐飲生意。消費者可以在這裡點杯飲料，吃個簡餐，看起來像是賣場的餐廳菜單，卻是進階的高級版，餐盤美美的，甚至蛋糕還有盤飾，價位卻依然親民，兩百多元就有湯和麵點，十分划算吧？

品牌屋概念，像坐在自家客廳

仔細探究一下，整棟店面真的在做餐飲嗎？答案當然是的，可是它和丹堤、星巴克之類的店家，仍有非常大的差異。因為往樓上走去，發現根本不是用客席概念在規劃。

所謂客席，就是營業面積裡面有多少張桌椅，可以坐多少客人，平均每張桌子翻桌率多少等等，做過咖啡簡餐產業的業者都知道，必須在空間舒適度，以及最大客席數當中，努力取得平衡。

所以，精明的消費者也知道，星巴克算是比較重視空間設計感，價位雖比一般連鎖咖啡店略高，但是很多店裡都有舒服的沙發區，早一點去佔個位子，花了同樣一杯咖啡的價錢，感覺就是比坐在硬椅子上舒服一些。這種沙發區當然也不多，沙發旁邊還是另外一張沙發，或是擺了一張餐桌加上硬木椅。

回頭看一下，IKEA 這家簡餐店，點完餐上樓，就發現找不到客席。嘎？那是怎樣呢？具體呈現的佈置，可說非常另類，卻很 IKEA，沒有一樣的客席，這裡有窗邊座位、兩人沙發、也有客廳，哈！別懷疑，就是一整個客廳，當然也有餐廳和餐桌，甚至還有一間臥室。如果願意，要在臥室的化妝台旁喝咖啡，也可以。

因為，就像是在家裡一樣隨興自在，很多人應該也有把食物拿去臥室吃喝的經驗吧？那就這樣做好了，因為這裡是 IKEA！

這樣的佈置，要怎樣計算客席和座位數呢？真奇怪吧！整間店如果客滿的狀況，又是怎樣？有點難以想像。是不是就是家裡來了很多朋

友，大家擠一下好了？

質感提升，傳遞生活美學

這間所謂的「品牌屋」裡面，當然也有銷售商品，特別是食物及食材，擺放出來的感覺，要比在一般大型賣場出口附近，銷售蛋捲冰淇淋旁邊的食物區，感覺要精緻多了。可以說是有銷售的佈置，卻無銷售的賣場感，比較像是融入一個家庭餐廳的一部分，同時提升整體質感。

對於這家瑞典居家家飾大賣場品牌來說，在台灣嘗試這樣的餐飲店，需要對自己的品牌有深入的掌握，並且有完整的擘劃，才能呈現如此看來一點都不商業，悠閒地讓人感受這個品牌所要傳遞的生活美學。

很多在地的觀光產業，在推動消費的時候，也都會加入餐飲項目，但是，要把餐飲和銷售商品，並加入品牌元素融合一起，倒不妨來看一下這家品牌店的作法。

進一步來說，這個品牌可以把家具家飾，行銷全世界，如此多不同生活習慣相異的國家地區，肯定有它驚人的策略規劃及商品設計能力。

台灣的家具設計產業有一句話：「給我原版，或是 IKEA，其餘免談。」意思就是應該要尊重原創的家具，有預算，就買原創，預算少就買 IKEA，因為它也是設計師原創的平價商品，可千萬別去找個什麼仿冒復刻版，其實就是山寨呀！

品牌的塑造與管理，是一個長期並且要跟隨時代而調整的大工程，相信這雖然只是一個試驗性質的據點，卻能夠變成強化品牌力的一個重要槓桿。 ■

11 我的名字，就是品牌！

> 記者會上，媒體問李健：「你的演唱會，會有什麼亮點？」
> 他靦　卻自信笑著：「能有什麼亮點？我就是亮點唄！」

我，就是亮點

李健是大陸一位著名歌手，「傳奇」是他的招牌歌曲之一，他這兩年的際遇，也是非常傳奇。

出道十幾年的他，一直走比較小眾路線，有音樂詩人的稱號。也

就是說，他自己做詞作曲，有點曲高和寡，辦個音樂會，也就是幾百人，頂多上千人的小型演唱會。2015年，參加了湖南衛視「我是歌手」節目，卻突然獲得非常多人關注，翻紅成了偶像歌手，變成少女甚至大媽追捧的男神。後來開個演唱會，可以四小時內銷售上萬張門票，演唱會上，他既不跳舞，也不變裝，只單純唱歌，簡直是費玉清第二了！

演唱會前的記者會上，媒體問他：「你的演唱會，會有什麼亮點？」他靦靦卻很有自信的笑著：「能有什麼亮點？我就是亮點唄！演唱會名字叫做看見李健，不就是看見我嗎？」當然，他也進一步解釋：「我真的只會唱歌，別的全不在行，很多港台歌手，演唱會搞些跳舞變裝，特技雜耍什麼的，我真不行。」（是在說周杰倫和蔡依林嗎？哈哈！）

這樣一位風格獨特的歌手，在「我是歌手」突然爆紅後，並沒有像另外一位台灣歌手 A-Lin，或是前面因同樣節目重新竄紅的林志炫一樣，馬上展開大陸演唱會，狠狠賺了筆。而是潛沉了大半年，才開演唱會，同時發表了新歌。

說他傻，說他笨，他就是李健。

把自己當品牌在經營

他接受採訪時那句話：「我就是亮點」，對於很多拿自己名字當作品牌的藝人來說，聽起來似乎是廢話。

就算是藝人，是不是真的把自己當品牌經營，其實，差別是很大的。之前因為浪漫婚禮，又佔據媒體好多天的吳奇隆，並沒有把自己名字當品牌。他的影劇公司、經營的副業，完全沒有掛上「吳奇隆」的名號。又例如成龍，早年時曾把自己的名字變成服飾品牌，但是後來又縮小成為影迷的收藏商品，並沒有想要擴大經營。

撇除藝人不論，時尚界的很多名牌，也都是人名。不管是創辦人的名字，或是老闆兼頭牌設計師的名字等等。例如：LV 就是人名的簡稱——路易·威登（Louis Vuitton），法國最著名的皮件設計師。

那麼，拿名字當作品牌，究竟好？還是不好呢？或許可以從好幾個層面來看，首先，當然就是知名度，如果是個沒有名氣的人名，不管是叫「張三」還是「李四」，一定要有一個故事闡述，或是有個原因，才會拿這個人名當作品牌吧？傳統的小吃攤，取名「陳家麵館」，或是「老李水餃」，就是老闆的姓氏，客人都知道，叫著叫著就變成招牌了。

品牌三力——聯想力、識別力、商品力

如果有知名度的人要把自己的名字當作品牌，那就要看做什麼產業了。

有時，知名度是正面效果，有時，因為「聯想力」不夠，反而要宣傳兩次，某某經營品牌叫做圈圈，消費者要記憶兩次，或是很多藝人經營副業，原本不想取自己的名字，結果消費者就是因為他開的才去，指稱那家店叫做：「就是那誰誰誰開的店」，店名變成毫無意義。

　　當然，品牌與招牌是不一樣的，品牌與創業公司名稱也不一樣，品牌要有足夠的「識別力」，也要可以打動消費者的「商品力」，更要有認同的偏好度，才能叫作品牌。但是，取個名字，總是想要作為品牌的第一步。那麼，到底要不要用自己的名字呢？

　　用自己名字的另外風險，當然就是萬一這個人怎樣了，怎麼辦？這個怎樣了，不一定是離開人世，真的就這樣走了，搞不好還可以懷念很久呢。這個怎麼了，還可以包括醜聞，例如他在這個業界做了違反道德的事情，甚至違反法律的事情，甚至最最低程度的，就是不再討喜了，不管是他的人，或是作品。

　　不是人名當作品牌，就比較沒有這個風險，畢竟品牌的名稱，本身是中性，個性可以附加上去，可以被塑造出來。

消費者認同，就是品牌力

　　來看這個非常知名的麵包店吧！就叫做吳寶春。

　　這是台灣非常受歡迎麵包師傅的名字，拿過世界冠軍等很多國際大獎，他的故事，也讓很多消費者稱道。前一陣子，因為想要念EMBA，還導致有大學想為了他開放特例，後來他還說要去新加坡念，一副此處不留爺，自有留爺處的態勢。

　　吳寶春開的麵包店，經常是消費者大排長龍的店，也是台北誠品松菸的招牌店家，證明他的麵包真的是好吃。隔壁的電影院門口，可以看到人手一袋的帶進去看電影。甚至，有消費者拿個麵包提袋在門口跟招牌拍照，這就是「品牌力」的證明。

　　只有品牌力夠的店，才有消費者願意和招牌拍照，這個動作，就是一種認同，不完全是「到此一遊」而已！

　　有一句老話：「成也蕭何，敗也蕭何。」意思就是用了名字來作品牌固然很好，很有人氣，但是，萬一這個人的表現或是際遇，跟品牌不一致的時候，也就有雙重風險存在了。我們當然期待這樣的麵包店繼續好吃下去，只是就品牌管理的角度，要管理的範圍，可就更大了一點，也幸好鬧出緋聞鬧劇的阿基師，任職的大飯店，可沒拿他的名字作品牌吧？　■

12 歡迎光臨我家洗手間！

> 隨時都歡迎光臨，不管是買東西，繳費，提款，吃飯，
> 更或者只是來上廁所。

歡迎隨時來上廁所

不管是商場、賣場，或是餐廳，有一項設備肯定不能創造營收，卻又非設立不可的，就是洗手間吧！不管是稱為廁所還是茅房，反正就一定放在角落的附屬設備。那麼，這樣的地方，又和品牌有何關連？

要說明這個答案，可以從近年來大幅改造的 7-11 賣場說起。曾幾何時，幾乎每一家便利商店，都把有廁所的標誌，掛在外面的大看板上，跟 ATM 提款機和餐飲座席的標誌並列，充分顯示出現在的便利店，早就改頭換面，隨時都歡迎光臨，不管是買東西，繳費，提款，吃飯，更或者只是來上廁所。

經營商店的業者一定都知道，要不要開放店內廁所，以往經常是很難的決定。因為維護不易，或衛生紙和洗手液的成本不想多負擔，或是自家廁所不想給外人用，又或者是動線不方便，更或者是來借廁所的都不是消費者，以上這些種種原因。出門在外沒廁所可用的困擾，相信很多人都有過經驗。

百貨賣場當然會有提供廁所使用，可是往往一樓一定沒有，不管往上或往下，多少阻止了過路客。觀光大飯店當然有廁所，但是很少人敢沒有消費，穿著拖鞋短褲，就跑進去找洗手間。

因此，便利商店的設施增加，也改變了非常多的消費習慣。經過許多數據分析，只要有人進入，消費機會就是會增加，無形中變成洗手間是必要設備之一了。

營銷策略，從廁所開始

從產業與店面來看，要不要有洗手間的提供，固然是營銷策略的考量。可是一旦要提供洗手間，怎樣能把硬體做好，還可以控制、方便管理？怎樣把軟體做好，除了方便清潔，又可以提供服務？以上眾多細節，當然也關係到消費者對於品牌的印象了。可以很自豪地大聲告訴消費者：「歡迎光臨我們的洗手間！」也就表示這個品牌的服務，有讓人自豪驕傲的地方吧？

從指示牌說起，百貨賣場的樓面上，洗手間的指引系統，是否使人簡單明瞭的容易理解？有時，一下子箭頭朝上，一下子箭頭有轉彎，看來看去常常摸不到頭緒。商場應該把「指標系統」也納入管理，必要時做消費者測試，確定這樣的指引方式最方便及正確，不能只在自己營運單位內部，看起來有掛好即可。

洗手間的動線，也要顧慮消費者是否會經過不想給別人看到的地方？例如，很多餐廳的洗手間，設立在經過廚房的地方，也許是大樓建物本身的結構問題，那就必須更為注意，才不會讓消費看到倒胃口的污水、菜渣、垃圾等等。

洗手間本身的空間設計、通風採光，都要實地使用，並且讓使用者覺得方便才好。不管是洗手台會不會擋到便器門的開啟？或是女性會不會正好看到男性如廁的背影，產生莫名的尷尬，都需要仔細規劃。

甚至於洗手台及水龍頭的搭配、水量的控制，都會影響洗手台和地面是否會濕答答，令人看起來很不清潔。店家或許覺得只要貼心寫個提醒：「請儘量在水盆內甩乾雙手，避免地面濕滑。」其實，最好從一開始的規劃設計著手，才是最有效的管理。

進一步來說，要用蹲的便器？還是坐的？要用烘手器？還是擦手紙？也是另一種管理考量。擦手紙要厚要薄？要大要小？廁紙也是如此。供應多了，怕消費者浪費；供應少了，一直要補充很麻煩。垃圾桶也是，有沒有蓋子，要大要小，都是學問。

總之，每一件都是一直要處理的細節，一定要從開始就想清楚，加強管理與維護，都是後面的事情。唯有一開始就做到好，後面即可節省非常多心力。

日本廁所的細緻展現

試著來看一下，到底是誰的洗手間規劃管理得好。答案當然是日本零售業囉！

記得台灣早年有家以女性為主要對象的百貨公司，率先把真正的化妝台等設備放進洗手間裡面，女生可以好整以暇地梳妝打扮，有全身的穿衣鏡，還有舒適的沙發區，也是日本零售業「消費極致」的表現。

整體的設計暫且不表，畢竟一分錢一分貨，有些東西是相對於品牌及價位而產生的結果。那麼，只看小地方吧？只有這家來自日本的購物中心，在洗手間內有高低兩個掛勾。高的掛衣服，低的掛皮包。

所以當你使用便器時，很容易在手邊就可以拿到皮包內的物品，有需要時，連電話也不會漏接，真是方便的很！甚至，在女廁裡面，有

一個小小的男生小便斗，目的就是小男生經常是跟著媽媽進洗手間，而非跟著爸爸，何不也安排這樣的設備，來方便消費者呢？

這個洗手間內的瘦長型垃圾桶，是在這家購物中心被新加坡人接手經營後，全面更新的，把原有圓形、佔位置的全部淘汰，正好放在門旁，完全不會影響動線，是不是也挺棒啊？

品牌的細緻，服務的關鍵，相信都不是只在門面，當然也不是只在提供的商品上。魔鬼不一定藏在細節裡，也藏在你的洗手間裡喔！　■

13　綜合商場組成元素的改變

> 消費者第一個想知道的商場規劃，已經從「有什麼新品牌或是新店」進駐，變成「有什麼好吃的餐廳開幕」！

消費心理的轉變

如果現在要在台灣開一間綜合商場，也就是說多種零售業態組合，即所謂購物中心，那應該放進哪些類別呢？

近幾年，零售業的改變幅度非常大，很多原本覺得賺錢的金雞母，似乎都已經逐漸凋零。例如，以往百貨公司的核心類別，男女裝都因為「快時尚」品牌崛起，加上生活形態的改變，很多品牌已經被洗出市場，若是有新的綜合商場要規劃，恐怕立刻會覺得它們早已不再是明星。

有一位百貨業的大老說過：「以前是到百貨公司買東西，順便吃東西，現在是因為去吃東西，順便買東西。」這句話把現在的明星類別講得極為清楚，那就是餐飲。所以，新規劃的商場，消費者第一個想知道的，已經從「有什麼新品牌或是新店」進駐，變成「有什麼好吃的餐廳開幕」！

美食街，商場的發展「食」勢

最近在桃園八德開幕的廣豐新天地，不僅對於當地的消費商圈發展有很大的提升，仔細看其類別的組合，也可以找出另一種地區商場的發展趨勢。

廣豐新天地，其實是兩大主題店，加上影城，以及一排餐廳街、美食街的另類購物中心。簡單來說，幾乎沒有商店。

兩大主題店，其一是家樂福。家樂福外圈有幾間配合家樂福的小型商舖。其二，是運動用品大店迪卡儂。這兩大主題店，佔了龐大的面積。家樂福這種大型量販店，近來已經很少開幕新店，因為台灣的量販市場幾近飽和，在廣豐新天地這家，也有一些內部型態的突破和改變。或許以為家樂福關掉中壢大江家樂福，同時改開八德這家，然而一開一關之間，不代表商圈或是重點轉移，只是正好在同一時間發生。對桃園來說，兩者的距離，基層員工恐怕也無法用調店轉職處理，所以是獨立事件。

至於迪卡儂，以桃園八德原本的保守消費氛圍，傳統商圈發展算是大膽的嘗試。要知道，看起來全民皆運動，但是，若沒有達到相當的經濟水平，消費者很少會在運動項目投資過多消費金額。目前在開幕蜜月期，後續能否在這個區域，創造出運動休閒的主力客群，恐怕有待觀察。

另外以影城來說，桃園八德區域出現影城，倒是真的讓年輕消費者比較驚喜。過去要看電影，不是跑桃園就是跑中壢，現在八德就有影城了。然而，這和迪卡儂一樣，都有類於後面持續的深耕與經營，甚至改變當地消費者的消費習慣，才比較容易有好成績。

餐飲，當前營業主力

最後談到當前明星級的關鍵營運，就屬餐廳了。

從廣豐新天地開幕開始，所有餐廳都要排隊，不管早餐、晚餐。這些已經有多家開店經驗的連鎖餐飲業者，也很清楚開幕蜜月期的人力壓力，早早就儲備人力，外送到台茂或是大江等鄰近購物中心受訓。這些餐飲，加上之前在八德大潤發附近，跟隨新蓋好社區的商業區塊，所開幕的幾家餐廳，大幅拉抬了八德地區的餐飲品牌水準。以往只有區域小型餐廳的八德區，開始引進各種連鎖餐飲品牌。

餐飲固然是現在零售賣場的吸金大法，當其他商品都可以用電子商務取代的時候，只有餐飲，自然必需有人到現場享受，所以，馬上突顯出來不可或缺的必要性。因此，現在商場的規劃，或許真要從餐飲的角度當作核心，怎樣可以讓各類餐廳都能互相拉抬，卻又彼此依附。這是從最原始的招商管理，就需要想清楚的一環。

至於廣豐新天地，能否在此真正成功發展，也要待年節及開幕熱潮過去後，才可以檢視出各家真正的品牌魅力。或許周邊的停車、動線、指標等等，都還需要再做一些小調整。 ■

國家圖書館出版品預行編目 (CIP) 資料

德國市場遊 歐陸零售筆記：可以學 x 可以看 x 可以吃 x 可以買 /
朱承天作 . -- 第一版 . -- 臺北市：博思智庫，2017.09
面；公分
ISBN 978-986-95223-1-1(平裝)

1. 旅遊 2. 商店 3. 德國

743.9   106013872

世界在我家 13

德國市場遊 歐陸零售筆記
可以學 x 可以看 x 可以吃 x 可以買

作　　者｜朱承天
攝　　影｜朱承天
執行編輯｜吳翔逸
資料協力｜陳瑞玲
美術設計｜蔡雅芬
行銷策劃｜李依芳

發 行 人｜黃輝煌
社　　長｜蕭艷秋
財務顧問｜蕭聰傑
出 版 者｜博思智庫股份有限公司
地　　址｜104 台北市中山區松江路 206 號 14 樓之 4
電　　話｜(02) 25623277
傳　　真｜(02) 25632892

總 代 理｜聯合發行股份有限公司
電　　話｜(02)29178022
傳　　真｜(02)29156275

印　　製｜永光彩色印刷股份有限公司
定　　價｜350 元
第一版第一刷 中華民國 106 年 09 月

ISBN 978-986-95223-1-1

博思智庫股份有限公司
博思智庫粉絲團　Facebook.com/broadthinktank

精選好書 盡在博思

Facebook 粉絲團 facebook.com/BroadThinkTank
博思智庫官網 http://www.broadthink.com.tw/
博士健康網 | DR. HEALTH http://www.healthdoctor.com.tw/

世界在我家

世界就在轉角，只要有心，隨時隨地都可以體驗驚奇。

世界在腳下：
踩出你的人生，
LULU 的 16 個夢想旅途

謝倩瑩（LULU）◎ 著
定價 ◎ 320 元

人，渴望登高，拉近自己與自然的關係。
熱血女王 LULU 精心規劃十六條國內外夢想旅途，看她如何
過翻過一個又一個險峻的山頭，一本在手，就能攀越頂峰，
將夢想推到更高的境界。

享受吧！絕美旅店：
100 大台灣
人氣旅館輕旅行

張天傑 ◎ 著
定價 ◎ 320 元

你的理想旅行，是什麼樣子？
跟著旅行達人腳步，嚴選全台 100 間絕美旅店，從建築、
空間、設計、擺設深度感受，發掘旅行中的美好享宿，希望
這份賓至如歸的感覺，傳遞給更多人。

美好生活

幸福不需外求，懂得生活、享受生命，就能走向美好境地。

醒覺力：
五感甦活 x 心性自在 x
面相人和

言唯鑫 ◎ 著
陳品丰 ◎ 文字協力
定價 ◎ 280 元

今年唯一一看清生命本質的勵志書，兩岸三地唯一實例解析感
悟分享！
別漠視內在需求，帶著誠實，學會看見，沒有將就，就沒有
負重。生活面相美感解語師，以初心為起點，解析人的面
貌，帶你看清生命的本質。

走出情緒：
易經教你學自在，
練放鬆，甩壓力

林春文 ◎ 著
定價 ◎ 300 元

這本書，寫給太努力的你！《易經》大師告訴你，鬆綁自己，
其實易如反掌。
五千年的《易經》智慧，看清人生一切煩惱。以《易經》研
究為基底，深入淺出闡述生命哲理，應用自然花波配方，療
癒身心情緒，到達平衡輕盈的境地。